팬데믹 이후 세계경제

인공지능부터 독점, 경기 부양, 현대화폐론까지
경제 핫이슈를 《자본론》으로 짚어 본다

팬데믹 이후 세계경제

인공지능부터 독점, 경기 부양, 현대화폐론까지
경제 핫이슈를 《자본론》으로 짚어 본다

마이클 로버츠 지음 | 김하영 엮음

책갈피

팬데믹 이후 세계경제
인공지능부터 독점, 경기 부양, 현대화폐론까지
경제 핫이슈를 《자본론》으로 짚어 본다

지은이 | 마이클 로버츠
엮은이 | 김하영

펴낸이 | 김태훈
편집 | 최재필
디자인 | 장한빛
펴낸곳 | 도서출판 책갈피
등록 | 1992년 2월 14일(제2014-000019호)
주소 | 서울 성동구 무학봉15길 12 2층
전화 | 02) 2265-6354
팩스 | 02) 2265-6395
이메일 | bookmarx@naver.com
홈페이지 | chaekgalpi.com
페이스북 | facebook.com/chaekgalpi
인스타그램 | instagram.com/chaekgalpi_books

첫 번째 찍은 날 2021년 8월 27일

값 13,000원

ISBN 978-89-7966-212-2

잘못된 책은 바꿔 드립니다.

차례

그림·표 차례

1부 코로나19와 세계경제

지금의 경제 위기가 단지 코로나19 때문일까?

코로나19 팬데믹 후에 V형 회복이 될까?

그림·표 차례

3부 경제 위기 원인과 대안 논쟁

현대화폐론: 돈을 찍어 경제를 살릴 수 있을까?

《자본론》의 현재적 의미 논쟁

일러두기

1. 인명과 지명 등의 외래어는 최대한 외래어 표기법에 맞춰 표기했다.

2. 《 》 부호는 책과 잡지를 나타내고 〈 〉 부호는 신문과 주간지를 나타낸다. 논문은 " "로 나타냈다.

3. 본문에서 [ ]는 옮긴이가 독자의 이해를 돕거나 문맥을 매끄럽게 하려고 덧붙인 것이다. 인용문에서 지은이가 덧붙인 것은 [— 지은이]로 표기했다.

4. 본문의 각주는 옮긴이가 넣은 것이다.

엮은이 말

우리가 살고 있는 사회의 체제는 심각하고 장기적인 위기에 빠져 있다. 코로나19 팬데믹은 그런 위기의 한 측면으로, 많은 사람이 그 심각성을 절감하게 만들고 있다. 이 책은 코로나19가 강타한 세계경제의 현 상태를 설명하고, 위기에 대응하려는 각종 대안과 정책을 마르크스주의 관점에서 날카롭게 분석하고 있다.

이 책의 저자 마이클 로버츠는 영국의 마르크스주의 경제학자이자 좌파 활동가이다. 그는 세계적으로 저명한 마르크스주의 저널들에 논문을 게재하고 블로그에 경제 분석을 꾸준히 올리는 왕성한 저술 활동을 하고 있다.

이 책은 그런 논문과 블로그 글 중에서 한국 독자들에게도 유용할 만한 것을 묶은 것이다. 이 책에 담은 글들은 모두 지금 여기 한국에서 이미 활발하게 전개되고 있는 논의와 관련 깊은 주제를 다룬 것으로, 독자들이 그런 논의들의 이론적 배경과 국제적 논쟁점을 더 넓은 시야로 파악할 수 있도록 도와줄 것이다.

이 책은 팬데믹 이후 세계경제 전망이나 공식 정치권의 경기 부양책이 지닌 한계를 다루는 것은 물론이고, 최신의 케인스주의뿐 아니라 현대화폐론처럼 최근 좌파 사이에서 떠오른 대안(가령 일자리 보장제)의 근거가 되는 이론에 대해서도 면밀하게 살펴보고 있다.

또, 독점이 경제 위기의 원인인지(즉, 독점 또는 재벌을 규제하면 되는지), 인공지능이 일자리를 빼앗을 것인지, 경기 침체 속에서도 왜 주가는 뛰는지, 정부의 경기 부양이 먹힐지 등 많은 사람의 관심사인 핫이슈를 마르크스주의 관점에서 어렵지 않게 풀어 간다.

데이비드 하비나 토마 피케티처럼 한국에서도 상당한 주목을 받은 좌파 경제학자들의 기여와 함께 한계도 살펴보면서, 마르크스 《자본론》의 혁명적 함의를 분명하게 제시하는 것은 무엇보다 두드러진 이 책의 장점이다.

팬데믹이나 기후 위기 같은 이미 닥친 재앙 앞에서 도대체 이 위기가 어디서 비롯한 것이고 어떻게 끝날 수 있는지 묻는 것이 지나치게 큰 물음이거나 우리의 삶과 무관한 추상적 물음은 아닌 것이 분명하다. 이 책은 그 물음에 답하는 데 분명 큰 도움을 줄 것이다.

마지막으로, 이 책에 실린 글들을 번역해 주신 이정구 교수와 이원웅 〈노동자 연대〉 기자에게 깊은 감사를 드린다.

엮은이 김하영

한국어판 머리말

이 책에 한국어로 번역해 실은 글들을 통해, 이 책의 엮은이는 내가 지난 수년간 쓴 블로그 글과 논문을 가지고 세계경제의 현 상태와 미래에 관한 몇 가지 주제를 훌륭하게 짚어 냈다. 이 글들은 거리낌 없이 마르크스주의적 관점으로 주장을 펼친다. 나는 세계경제의 흐름을 마르크스주의로 분석하는 것이 21세기 현대 자본주의의 부정의와 실패를 가장 잘 폭로하고 설명하며 또 이를 변화시키기 위한 지침을 제공한다고 생각한다.

이 책의 1부에서는 코로나19 팬데믹이 세계경제에 미친 영향과 주요 자본주의 국가들의 대응을 살펴본다. 각국 정부에게 코로나19는 예상치 못한 날벼락이었다. 그러나 코로나19는 예측하거나 예방하거나 심지어 대비할 수도 없는 '블랙 스완'이나* '무엇을 모르는지

---

* 블랙 스완 검은 백조라는 뜻으로, 도저히 일어날 것 같지 않던 일이 실제로 일어나는 현상을 이르는 말.

조차 모르는 일'이* 아니었다.

이미 진보적 과학자들은 깊숙한 야생에 사는 동물이 보유한 '신종' 바이러스들이 가축과 접촉한 다음 식품 시장을 거쳐 인간에게 옮아오고 있다고 주장했다. 탐욕스러운 이윤 추구는 화석연료·광물 탐사와 더불어 대규모 도시화·산업화를 낳았다. 이 때문에 이 위험한 병원체들이 인간에게 전파됐고 세계적 규모의 이동과 무역을 통해 확산됐다.

세계보건기구WHO와 유엔은 사스·에볼라·메르스 사태 이후 또 다른 팬데믹이 닥칠 것이라고 수년간 경고했다. 그러나 각국 정부는 주로 사회적 비용을 회피하기 위해 이런 경고를 무시하고 공공 보건 지출·체계를 계속 삭감하고 축소했다. 그동안 거대 제약 회사들은 이 신종 바이러스에 대처할 수 있는 백신에 대한 연구를 거의 또는 전혀 하지 않았다.

그 결과, 각국 정부는 극단적 봉쇄와** 사회적 격리 조치를 할 수밖에 없었고 이것은 세계경제를 100년 만에 가장 깊은 불황에 빠뜨렸다. 팬데믹이 강타하기 직전에 이미 주요 자본주의 경제들은 정체하고 있었기 때문이다. 이제는 각국 정부가 이 바이러스의 변종들이

---

* 2002년 이라크 침공을 앞둔 미국 국방부 장관 도널드 럼즈펠드가 이라크에 대량 살상 무기 개발의 증거가 없다는 지적을 받자 늘어놓은 궤변. "무엇을 모르는지조차 모르는 일(unknown unknowns)도 있을 수 있다."

** 봉쇄(lockdown) 물리적 거리 두기를 강제하는 조치인데, 외출을 제한한다는 공통점을 빼면 휴교, 휴업, 집합 제한, 국경 통제 등 그 범위와 강제성은 나라마다 꽤 상이하다.

쏟아져 나오기 전에 충분히 많은 사람에게 백신을 접종하려 애쓰면서, 경제가 팬데믹 불황에서 어느 정도 회복하고 확장할 것으로 보인다. 그러나 앞으로 수년간은 팬데믹 이전의 미미했던 [성장] 추세에도 미치지 못할 것이다. 오히려 우리가 지난 10년간 경험한 소득과 투자의 장기 불황이 다시 이어질 것이다.

이 책의 2부에서는 팬데믹 불황에서 누가 가장 이득을 봤고 누가 가장 타격을 입었는지를 살펴본다. 한편으로 기술·미디어 대기업들은 봉쇄 조치 속에서 엄청난 이윤을 벌어들였다. 중앙은행이 값싼 신용을 대거 투입하고 정부가 재정 지원금을 지급해 자본주의 기업들을 살리려 한 덕분이다. 다른 한편으로 (주로 가난한 나라에 사는) 수많은 노동자는 일자리에서 쫓겨나 빈곤으로 내몰렸다. 그 처지가 당장 호전될 가능성은 거의 보이지 않는다.

팬데믹 때문에 점점 더 소수의 기업에 자본이 집중·집적됐다. 크고 강한 기업이 작고 약한 기업을 잡아먹고 있다. 이런 대기업들은 전 세계의 일하는 사람들을 착취해 벌어들이는 이윤에서 더 많은 몫을 빨아들이고 있다. 소수가 차지하는 이 초과이윤은 대부분 생산적 활동에 더 많이 투자해서가 아니라, (마르크스가 '가공자본'이라 부른) 금융자산에 투기를 해서 얻은 것이다. 2부에서는 이런 투기가 결국 대가를 치를 것이라고 주장한다.

여러 주요 경제, 특히 미국에서 정부 지출이 증가하고 있다. 그러나 2부에서 주장하듯이 이는 결국 줄어들 것이다. 케인스주의는 효과가 없을 것이다. 즉, 성장·투자·소득·생산량을 이전 수준으로라도 회복시키지 못할 것이다. 그 대신에, 기업들은 자동화와 로봇을 더 많이 도입해 생산에서 노동비용을 줄이려고 할 것이다. 자본주의적 생산의 로봇화는 계속되는 추세고 팬데믹이 끝나면 더 빨라질 것이다.

3부에서는 세계 자본주의 경제가 위기에 빠진 근본적 원인이 무엇인지, 이를 끝내기 위해서 어떤 정책이 필요한지 살펴본다. 자본주의적 생산의 근본적 구조, 즉 생산수단을 소유한 극소수 집단이 이윤을 위해 노동을 착취하는 구조를 바꾸지 않는다면, 정부 지출을 늘리고 '돈을 찍어 내'는 케인스주의적 해결책들로는 자본주의 위기를 끝낼 수 없다고 강력히 주장한다.

다수의 필요를 희생시키는 소수의 이윤 추구, 이것이 자본주의에 내재한 모순이다. 3부에서는 자본주의의 아킬레스건을 밝혀낸다. 즉, 자본가들이 기계화로 노동비용을 줄이려 하면서 경쟁적으로 이윤을 추구하는 것이 역설적이게도 전반적 이윤율 하락으로 이어지고 이는 주요 경제들에서 생산과 투자의 불황을 거듭거듭 유발한다는 점이다. 마르크스가 "정치경제학의 가장 중요한 법칙"이라고 부른 이 근본적 모순은 자본주의를 관리하거나 규제하거나 보조하는 것으로 극복될 수 없다. 오직 자본주의 생산양식을 끝장냄으로써 해결될 수 있다.

2021년 8월

마이클 로버츠

1부

코로나19와 세계경제

지금의 경제 위기가 단지 코로나19 때문일까?

단언컨대, 코로나19 재앙이 끝나면 주류 경제학과 각국 경제 당국은 이 사태가 자본주의 생산양식의 내재적 결함이나 사회구조와는 무관하게 외부 요인으로 발생한 위기였다고 주장할 것이다. 단지 바이러스가 문제였다고 말이다. 2008~2009년 대침체 때도 주류는 그렇게 주장했는데, 이번에도 되풀이될 것이다.

이 글을 쓰는 2020년 3월 15일 현재 코로나19 팬데믹은 아직 정점에 이르지 않았다. 중국에서 시작했다는(물론 다른 곳에서 시작했을지 모른다는 증거도 있는) 코로나19는 이제 전 지구로 번졌다. 이제 중국 바깥의 감염자 수가 중국 내 감염자 수를 넘었다. 중국 내 확진자 수는 증가 폭이 슬슬 줄다가 더는 늘지 않고 있지만, 다른 곳에서는 확진자가 여전히 기하급수적으로 늘고 있다(그림 1-1 참조).

출처: "It was the virus that did it", https://thenextrecession.wordpress.com (15 March 2020).

그림 1-1. 중국 후베이성의 확진자 증가 궤적을 따라가는 듯한 미국과 유럽

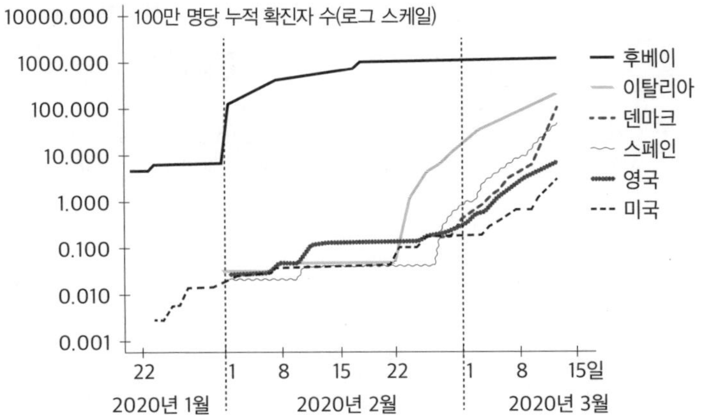

출처: Gavekal Data / Macrobond

이 생물학적 위기는 금융시장에 패닉을 일으켰다. 몇 주 만에 증시가 30퍼센트 정도 폭락했다.* 엄청나게 낮은 차입 비용 덕분에 모든 금융자산이 상승하던 환상의 세계는 끝났다.

언뜻 보면 코로나19는 '무엇을 모르는지조차 모르는 일'의 한 사례인 듯하다. 10여 년 전 대침체를 촉발한 세계 금융 위기가 '블랙스완'의 출현처럼 보였듯이 말이다. 그러나 당시의 금융 위기와 마찬가지로 지금의 코로나19 위기도 사실은 마른하늘에서 떨어진 날벼락, 또는 조화롭게 성장하던 자본주의 경제에 가해진 [외부] '충격' 같은 것이 아니다. 이미 코로나19가 강타하기 전부터, 소위 선진국이

---

* 코로나19 팬데믹 초기의 충격과 뒤이은 봉쇄 조치로 증시가 급락한 이후, 2020년 말 주식시장은 극적으로 회복됐다. 이에 대한 분석은 이 책의 112쪽 "주식: 경제는 침체인데 왜 뛸까?" 참조.

그림 1-2. 세계 제조업 구매관리자지수와* 실제 생산량

* **구매관리자지수(PMI)** 기업의 구매 담당자 대상 설문 조사를 통해 경기 지표를 나타내는 지수로, 수치가 50을 넘으면 경기 확장을, 50 미만이면 경기 수축을 의미한다.

출처: JPMorgan, Markit

든 '남반구'의 '개발도상국'이든 거의 모든 주요 자본주의 나라에서 경제활동이 둔화하고 정체해 있었다(그림 1-2 참조). 어떤 나라는 국내 생산과 투자가 수축하고 있었고, 많은 나라가 위태위태했다.

코로나19는 임계점이었다. 이는 모래 더미를 쌓는 것에 비유할 수 있다. 모래 더미를 쌓고 쌓다 보면 모래알이 미끄러지기 시작한다. 그러다 어떤 시점에 이르면 모래알을 하나만 더 올려도 모래가 와르르 쓸려 내려온다(그림 1-3 참조). 포스트케인스주의자는 이런 상태를 [미국의 포스트케인스주의 경제학자] 하이먼 민스키의 이름을 따서 '민스키 모멘트'라고 일컬을지도 모르겠다. 민스키는 자본주의가 안정적으로 보이는 것은 일시적이라고 주장했다. 안정성이 불안정성을 낳기 때문이다. 마르크스주의자는 이렇게 말할 것이다. 그렇다, 불안정성은 존재한다. 그런데 이윤을 추구하는 자본주의 생산양식에 내재한 모순 때문에 그 불안정성이 거듭거듭 산사태로 이어지는 것이다.

그림 1-3. 코로나19가 경제에 미친 효과: 모래 더미 비유

코로나19는 다른 면에서도 '무엇을 모르는지조차 모르는' 일이 아니었다. 2018년 초 제네바에서 열린 세계보건기구 회의에 [감염병 예방 행동을 위한] '연구·개발 구상' 보고서를 제출한 연구자들은 "질병X"라는 표현을 썼다. 그들의 예측은 이랬다. "다음번 팬데믹은 인류가 만난 적이 없는, 알려지지 않은 새로운 병원체가 일으킬 것이다. 질병X는 동물에서 유래한 바이러스로 인해 발생할 가능성이 높고, 경제개발 탓에 사람들과 야생동물이 접촉할 수밖에 없는 지구상 어딘가에서 출현할 것이다."

연구자들은 이어서 이렇게 예측했다. "질병X는 발생 초기에 십중팔구 다른 질병과 혼동될 것이고, 빠르고 조용하게 퍼질 것이다. 인간의 교통로와 무역로를 타고 여러 나라로 뻗어 나가 방역을 무력화할 것이다. 질병X는 계절성 인플루엔자보다 치사율은 높지만 전염성은 비슷할 것이다. 질병X는 팬데믹이 선포되기도 전에 금융시장을 뒤흔들 것이다." 요컨대, 코로나19가 질병X인 것이다.

사회주의자이자 생물학자인 롭 월러스가 주장했듯이, 감염병은 우리 삶의 일부이자, 우리가 사는 방식이 만들어 내는 것이기도 하다. 흑사병은 무역이 실크로드를 따라 성장하면서 14세기 중반에

유럽으로 퍼졌다. 새로운 인플루엔자 변종들은 축산업에서 출현했다. 에볼라바이러스, 사스, 메르스, 지금의 코로나19는 야생동물과 연관이 있다. 팬데믹은 보통 어떤 동물에 있던 바이러스가 그 동물과 접촉한 사람에게 옮으면서 시작된다. 인간이 생태계를 파괴해서 깊숙한 야생에 살던 동물과 갈수록 가까워지고, 야생동물을 거래하려고 도심지로 운송하면서, 그런 병원체 유출이 기하급수적으로 늘어나고 있다. 전례 없는 수준의 도로 건설, 산림 파괴, 개간, 농업 발전에 더해서 국제화된 교통과 무역 탓에 코로나바이러스 같은 병원체가 극도로 쉽게 인간에게 침투할 수 있게 된다.

주류 경제학자들은 어리석게도 코로나19가 경제에 가한 타격이 '공급 충격'이냐 '수요 충격'이냐를 두고 논쟁한다. 신고전학파는 생산이 멈췄으므로 '공급 충격'이 맞다고 주장한다. 케인스주의자들은 사람과 기업이 이동이나 서비스 등에 지출할 수 없게 됐으므로 '수요 충격'이 맞다고 주장한다.

그러나 첫째, 앞서 말했듯이 지금의 경제 위기는 어떤 '충격' 탓으로 생긴 것이 결코 아니다. 자본이 농업과 자연을 상대로 벌인 이윤 추구 행위, 이미 취약했던 자본주의의 기존 상태가 낳은 필연적 결과다.

둘째, 케인스주의자들의 주장과 달리 위기는 수요가 아니라 공급에서 시작한다. 마르크스가 말했듯이 "1년은 말할 것도 없고 단 몇 주라도 일이 멈추면 어떤 나라라도 망한다는 것은 삼척동자도 안다" (1868년 7월 11일 마르크스가 쿠겔만에게 보낸 편지). 코로나19 확산을 막기 위해 상점·학교·일터를 폐쇄할 때 맨 먼저 멈추는 것은 생산과 무역과 투자다. 물론 그리하여 사람들이 일을 못 하고 기업들이 물건을 못 팔면, 수입이 끊기고 지출이 붕괴해 '수요 충격'을 일으킨다. 사실 자본주의의 위기는 모두 이런 식으로 발생한다. 즉, 공급이 위축돼 소비가 추락하는 것이지 그 반대가 아니다.

그림 1-4는 한 주류 경제학파가 위기에 관해 제시하는 (비교적 정확한) 도식이다.

금융계의 일부 낙관론자는 코로나19가 주식시장에 가한 충격은 1987년 10월 19일[의 증시 폭락]과 비슷한 결말로 이어질 것이라고 주장한다. '검은 월요일'로 일컬어지는 그날, 증시는 지금보다 훨씬 더 급속하게 추락했지만 몇 달 만에 회복해서 다시 상승했다. 미국 재무부 장관 스티븐 므누신은 이번 금융공황도 그렇게 될 것이라고 확신한다. 그는 이렇게 말했다. "저는 1987년 붕괴 직후 주식을 산, 그러니까 금융 위기 직후 주식을 산 사람들이 떠오릅니다. 장기 투자자에게 지금은 엄청난 기회일 수 있습니다. … 지금 문제는 단기적 문제입니다. 두어 달 정도 걸릴지도 모르지만 우리는 이 사태를 헤쳐 나갈 것이고 경제는 어느 때보다 강해질 것입니다."

백악관 국가경제위원회 위원장인 래리 커들로도 비슷하게 주장했다. 커들로는 코로나19 공포로 주식시장이 비틀거리는 상황을 기회로 활용하라고 투자자들을 부추겼다. 미국 경제 상태가 "건실"하다면서, "장기 투자자들은 저점 매수를 진중하게 고려해 보는 것이 좋겠습니다" 하고 말했다. 커들로는 2008년 9월의 국제 금융 붕괴가 일어나기 2주 전에 했던 말을 사실상 되풀이한 것이다. "미래를 내다보는 편을 선호하는 우리 같은 사람들이 보기에 증시 전망은 갈수

그림 1-4. 위기의 구조: 공급 충격, 수요 충격, 금융 충격과 그에 대한 처방

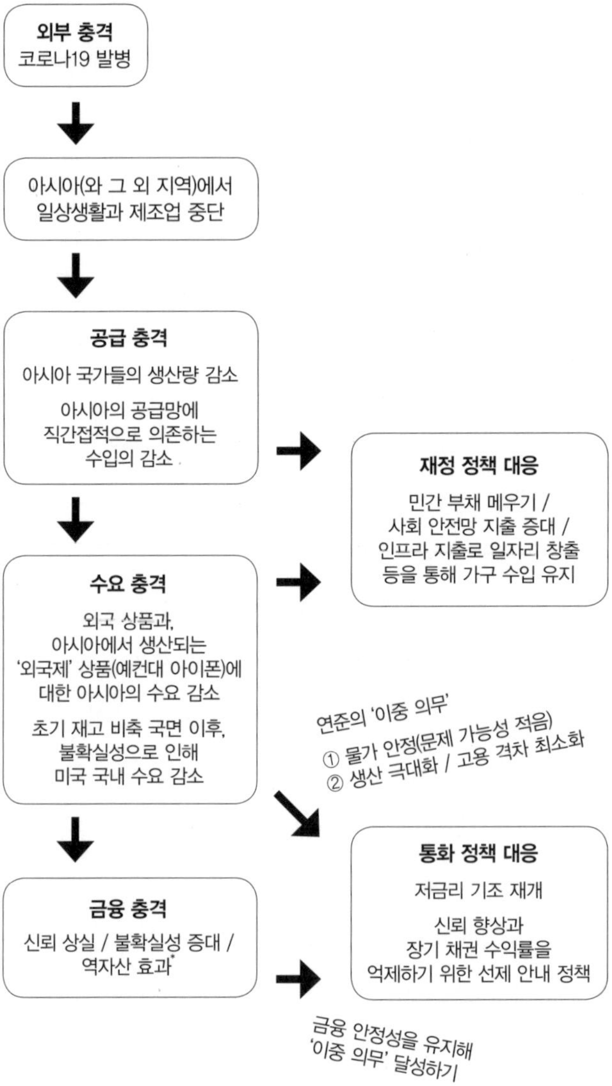

* **역자산 효과** 자산 가치가 떨어져 소비가 위축되고 다시 자산 가치가 하락하는 악순환.

출처: RSM US LLP

록 밝아지고 있습니다."

1987년 붕괴의 원인으로는 페르시아만의 군사적 충돌 고조에 따른 유가 급등, 금리 인상에 대한 두려움, 별다른 변동 없이 5년간 이어진 강세장[장기간의 주가 상승], 컴퓨터를 이용한 증권 거래의 도입 등이 지목됐다. 경제가 근본적으로는 '건강'했기에 금융 붕괴의 영향은 오래가지 않았다. 실제로 당시 주요 나라 에서 자본의 수익성은 상승하고 있었고 (비록 1991년에는 둔화했지만) 1990년대 말까지 상승세가 이어졌다. 그런 점에서 1987년 붕괴는 마르크스가 말한 순수한 '금융 붕괴'로, 투기적 자본시장에 내재한 불안정성에서 비롯한 것이었다.

그러나 2020년은 다르다. 이번 주식시장 폭락은 2008년처럼 경기 침체로 이어질 것이다. 내가 전에도 주장했듯이 자본의 수익성이 낮고 국제적 이윤이 기껏해야 정체해 있기 때문이다. 코로나19가 유행하기 전부터 말이다. 세계적으로 무역과 투자가 증가하기는커녕 감소해 왔다. 유가가 오르기는커녕 폭락했다. 코로나19가 경제에 입힌 타격은 불안정한 금융시장이 아니라 공급망에서 먼저 나타났다.

다가올 불황의 규모는 얼마나 될까? [미국 캘리포니아대학교 버클리캠퍼스의 경영학과 교수] 피에르올리비에 구랭샤스는 예상되는 타격을 추산한 훌륭한 글을 발표한 바 있다. 구랭샤스는 최근 자주 회자되는 일반적 팬데믹 곡선을 보여 준다(그림 1-5 참조). 아무런 조처를 하지 않으면 팬데믹은 ⓐ곡선처럼 돼 수많은 감염자와 사망자를 낳을 것이다. 봉쇄와 격리 같은 조처를 시행하면 (ⓑ곡선처럼) 정점이 늦춰지고 낮아질 수 있다. 그 때문에 유행 기간이 더 길어지겠지만 말

그림 1-5. 팬데믹 곡선을 완만하게 만들기

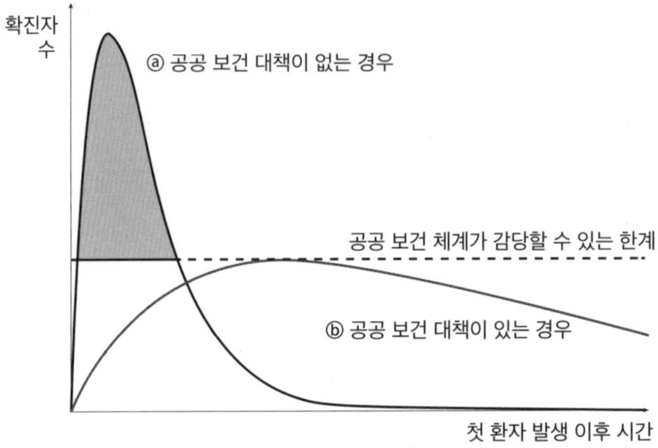

이다. 그래도 감염 속도와 사망자 수를 줄일 수 있을 것이다.

공공 보건 정책의 주안점은 "곡선을 완만하게 만들기"여야 한다. 그러려면 물리적 거리 두기 조치를 과감하게 시행하고 건강 수칙을 장려해 전파 속도를 떨어뜨려야 한다. 현재 이탈리아가 중국처럼 감염 지역을 완전히 봉쇄하고 있다. 비록 소 잃고 외양간 고치는 꼴이긴 하지만 말이다. 영국은 아주 위험한 길을 택했다. 취약한 집단은 자가 격리시키고 젊고 건강한 집단은 감염되도록 내버려 둬서 이른바 '집단면역'을 조성해 보건 체계의 과부화를 피하겠다는 것이다. 이것은 기본적으로 노인처럼 취약한 집단은 감염되면 어차피 사망할 테니 포기하고, 경제(와 이윤)에 타격을 주는 봉쇄 같은 조처는 하지 않겠다는 뜻이다. 미국 정부는 사실상 아무것도 하지 않기로 했다. 대량 검사도 안 하고, 자가 격리도 안 시키고, 공개 행사도 취소시키지 않으려 한다. 그냥 사람들이 아플 때까지 기다렸다가 심각

그림 1-6. 연령에 따라 증가하는 코로나19 증례 치명률*

(2020년 1~2월 중국 후베이성에서 증상자와 무증상자를 모두 포함해 추정)

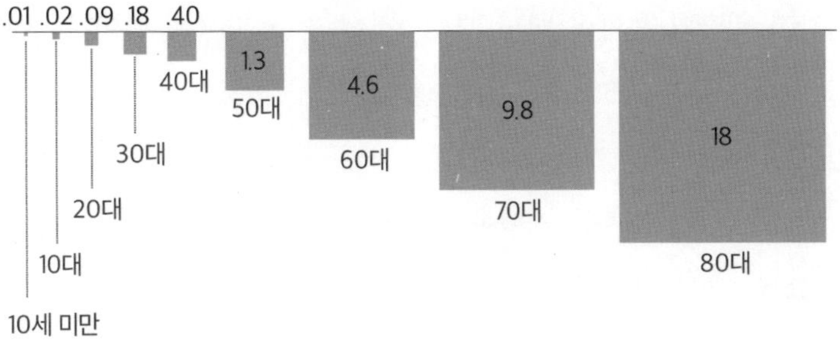

* **증례 치명률** 의학적 관리를 받는 환자 중 사망한 비율. 전체 감염자 수를 파악하기 어려워 치사율을 낼 수 없을 때 쓰는 통계다.

출처: medRxiv

한 환자만 돌보겠다는 것이다.*

미국의 대처는 가히 맬서스식 해법이라 할 만하다. 토머스 맬서스 목사는 19세기 초 가장 반동적인 고전학파 경제학자였다. 맬서스가 주장하기를, 세상에는 '비생산적'인 가난한 사람이 너무 많아서, 시시때때로 생기는 감염병과 질병은 경제를 더 생산적으로 만드는 데 필수적이고 또 필연적이다.

영국의 보수 언론인 제러미 워너가 코로나19로 "주로 노인이 사망"할 것이라며(그림 1-6 참조) 맬서스 같은 소리를 했다. "까놓고 말해, 순전히 객관적인 경제적 관점으로 보면, 코로나19는 나이 든 피부양자를 비교적 더 많이 도태시킨다는 점에서 장기적으로는 유

* 지은이가 이 글을 발표한 이후 미국과 영국 정부는 정책을 수정했다. 그러나 너무 뒤늦었고, 여전히 부족하다는 점은 변함이 없다.

익한 면이 있다." 비난이 일자 워너는 이렇게 답했다. "물론 당사자 입장에서 그런 사태는 나이와 상관없이 인간적 비극이겠지만, 나는 인간적 비극의 총합이 아닌 경제학적 측면을 말했을 뿐이다." 과연 19세기 초에 마르크스가 경제학을 일컬어 "비정한 철학"이라고 할 만했다.

결국 과감한 조치를 시행한 중국과 (뒤늦게) 이를 따른 이탈리아와 그 외 다른 나라와는 달리 미국과 영국 정부가 (아직) 그러지 않는 이유는, 그런 조치가 필연적으로 거시 경제의 후퇴 곡선을 더 가파르게 할 것이기 때문이다. 중국과 이탈리아에서 벌어진 일을 보자. 그곳에서는 개인 간 접촉을 줄이려고 학교, 대학, 대부분의 비필수 사업장을 폐쇄하고, 노동연령 인구 대부분이 집에 머물도록 했다. 재택근무가 가능한 사람도 있겠지만 그들은 전체 노동인구의 극히 일부다. 재택근무가 가능하다 해도 업무와 가족 일과에 단기적으로 큰 차질이 생길 것이고, 이는 생산성에도 영향을 미칠 것이다. 요컨대, 최선의 공공 보건 정책은 경제를 갑작스럽게 멈추는 것이다. 즉, 공급 충격이다.

경제적 손실은 상당할 것이다. 구랭샤스는 그 충격을 계산하려 했다. 그는 방역 조치 첫 달에는 경제활동이 기준점 대비 50퍼센트 줄어들고, 그다음 달에는 기준점 대비 25퍼센트 줄어들고, 그 이후에는 기존 수준으로 돌아간다고 가정했다. "이런 가정을 따르더라도, 연간 생산량 성장이 전년보다 대략 6.5퍼센트가 감소해서 국내총생산GDP 성장률이 상당한 타격을 입을 것이다. 경제활동 25퍼센트 중단을 1달만 더 연장하면 연간 생산량 성장은 (전년보다) 거의 10퍼

그림 1-7. 경기 침체 곡선을 완만하게 만들기

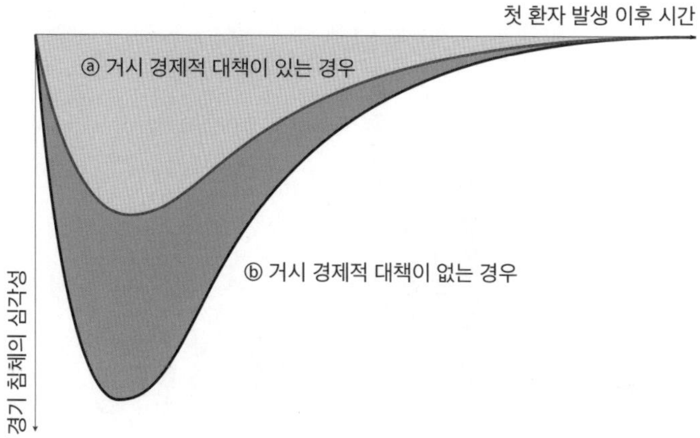

센트 줄어들 것이다!" 참고로 2008~2009년 대침체 기간에 미국의 생산량 성장은 약 4.5퍼센트 감소했다. "우리는 2008~2009년 대침체를 훨씬 능가하는 침체를 곧 목도할 것"이라고 구랭샤스는 결론 내렸다.

2008~2009년 대침체가 절정에 달했을 때 미국에서는 일자리가 매달 80만 개씩 사라졌지만, 여전히 압도 다수는 고용돼 일하고 있었다. 실업률은 최고점일 때 '겨우' 10퍼센트였다. 반면 코로나19는 (일시적으로) 50퍼센트 이상의 사람들이 일하지 못하는 상황을 초래하고 있다. 경제활동이 받는 타격도 그만큼 훨씬 클 것이다.

그 결과, 경제도 보건 체계처럼 '곡선을 완만하게 만들기' 문제에 직면한다(그림 1-7 참조). ⓑ곡선은 급격한 경기 침체로 입을 생산량 손실을 나타낸다. 무수히 많은 경제주체가 각자 자기방어를 위해 지출을 줄이고, 투자를 보류하고, 신용을 삭감하는 등 일반적으로 움

그림 1-8. 미국 비금융 부문의 신용 등급별 회사채 미결제액 (단위: 10억 달러)

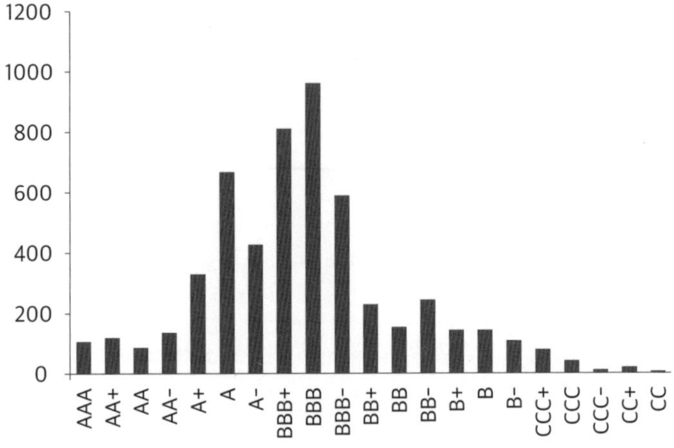

츠러들면서 그 손실은 증폭될 것이다.

어떻게 해야 곡선이 완만해지는가? 중앙은행이 금융 부문에 긴급 유동성을 지원할 수 있고 이미 그러고 있다. 정부가 특정 부문을 겨냥해 임의적으로 재정 정책을 펴거나 경제활동 전반을 지원하는 더 폭넓은 정책을 펼 수도 있다. 이런 조처는 '경제 곡선을 완만하게 만들기', 다시 말해 ⓐ곡선처럼 경제적 손실을 완화하는 데 도움이 될 수 있다. 이를 위해 노동자들의 임금과 고용을 지켜서, 그들이 각종 청구서의 비용을 지불하거나 일정 기간 연기하거나 면제받도록 할 수도 있다. 위기를 극복하도록 소규모 사업장들에 자금을 지원할 수도 있고, 2008~2009년에 그랬던 것처럼 은행을 구제할 수도 있다.

그럼에도 금융 위기는 여전히 위험성이 크다. 미국의 기업 부채는 증가해 왔으며, 허약한(신용 등급이 BBB 이하인) 기업이 발행한 채권에 집중돼 있다(그림 1-8 참조).

그림 1-9. 고위험 회사채 수익률 지수와 에너지·레저·항공 부문의 회사채 수익률

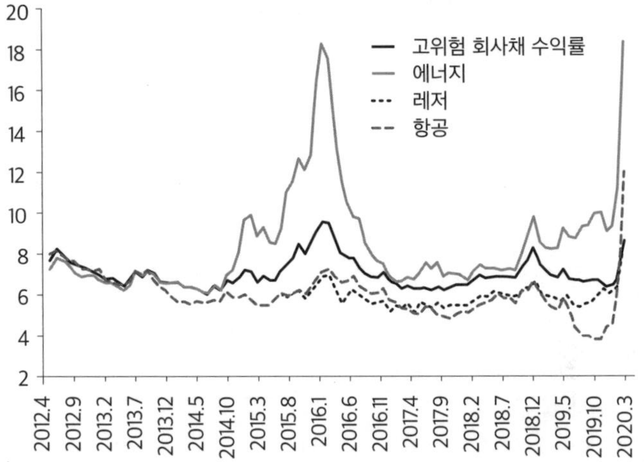

그리고 유가 급락으로 에너지 부문은 이중으로 타격을 받고 있다. 채권 리스크 프리미엄(위험 채권에 대한 차입 비용)이 에너지 부문과 운송 부문에서 치솟았다(그림 1-9 참조).

[중앙은행이 돈을 푸는] 통화 완화 정책으로는(그림 1-10 참조) 곡선을 완만하게 만들기에 충분치 않을 것이다. 기준 금리는 이미 0에 가깝거나 마이너스다. 금융 시스템에 막대한 신용이나 돈을 투입해도 생산과 투자가 늘어나지는 않을 것이다. 마치 '끈으로 [당길 수는 있지만] 밀 수 없는 것'처럼 말이다. 값싼 신용은 공급망에 박차를 가하지 못하며, 사람들이 다시 여행하고 싶게 만들지도 못할 것이다. 또, 소비자가 지출하지 않으면 기업의 수익에도 도움이 되지 않을 것이다.

경기 완화 정책의 중심은 재정 정책이어야 할 것이다. 국제통화기금IMF이나 세계은행 같은 국제기구는 500억 달러 규모의 지원책을

그림 1-10. 미국 연방준비제도이사회가 발행한 환매조건부채권* 규모

(단위: 10억 달러)

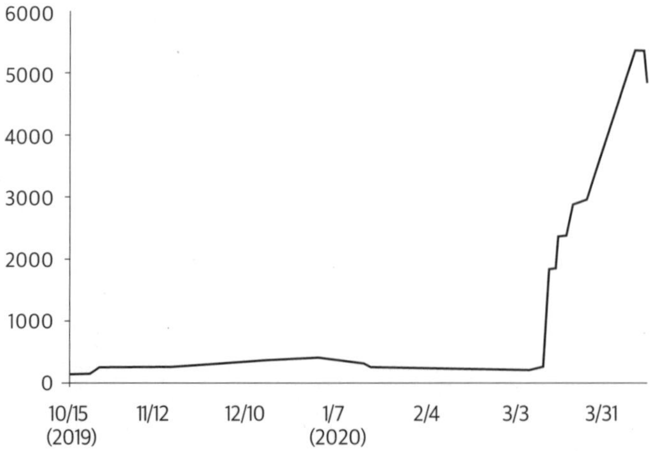

시장의 혼란과 유동성 수요의 증가에 대응해 연준은 몇 주 동안의 미결제 환매조건부 채권의 규모를 5조 4000억 달러로 대폭 늘렸다.

* 환매조건부채권(repo, RP) 채권 발행자가 일정 기간 후에 금리를 더해 되사는 조건으로 발행하는 채권.

출처: Oxford Economics

내놨다. 각국 정부는 이제 경기 부양을 위해 다양한 재정 정책을 펴기 시작했다. 영국 정부는 최근 예산에서 상당한 지출을 예고했고, 미국 의회도 긴급 지출을 승인했다.

그러나 2달간의 봉쇄 조치로 대부분의 나라에서 경제가 10퍼센트 후퇴한다면 이런 계획이 충격을 완화하는 데 충분할까? 현재 재정지출 계획의 규모가 GDP의 10퍼센트에 근접하는 나라는 하나도 없다. 사실 2008~2009년 대침체 때 중국만 그만한 돈을 썼다. 영국 정부의 계획은 기껏해야 GDP의 1.5퍼센트에 지나지 않으며, 이탈리

아는 1.4퍼센트고, 미국은 1퍼센트도 안 된다.*

4월 말이 되면 전 세계 감염자 수가 정점을 찍고 감소하기 시작할 수도 있다. 각국 정부는 그러기를 희망하며 계획하고 있다. 만약 사태가 그렇게 낙관적으로 흘러가더라도 코로나바이러스는 사라지지 않을 것이다. 인플루엔자처럼 (그러나 그에 대해 아는 바가 거의 없는) 또 다른 병원체가 돼서, 이전의 바이러스들이 그랬듯이 매년 우리를 괴롭힐 것이다. 그러나 2달간의 봉쇄 조치조차 경제에 상당한 타격을 줄 것이다. 그리고 경기 부양을 위해 계획된 통화·재정 정책이 [경기후퇴] '곡선'을 어느 정도 완만하게 만들더라도, 깊은 불황을 막기에는 역부족일 것이다. 아직 최악은 오지 않았다.

---

* 지은이가 이 글을 발표한 이후 미국 정부는 추가 재정 정책을 발표했다. 그럼에도 경제를 살리는 데는 큰 도움이 되지 않을 것이다. 이 책의 123쪽에 실린 "경기 부양책: 경제를 살릴 수 있을까?" 참조.

코로나19 팬데믹 후에 V형 회복이 될까?

코로나19 팬데믹은 공식 기록상 가장 길었던 미국 경제의 팽창기에 종지부를 찍었다(그림 1-11 참조). 그리고 이것은 제2차세계대전 이래 가장 가파른 경제 수축일 것이다.

최근 브루킹스-파이낸셜타임스 지수[타이거 지수]에* 따르면, 2020년 3월 코로나19가 엄습하기 시작해 위기가 최고조에 도달하기 훨씬 전부터 세계경제는 제2차세계대전 이래 가장 심각한 붕괴에 직면하고 있었다(그림 1-12 참조).

2020년은 제2차세계대전 이래 처음으로 전 세계 GDP가 수축한

출처: "The post-pandemic slump", https://thenextrecession.wordpress.com (13 April 2020).

* 타이거 지수 미국의 유력 사회과학 연구소 브루킹스연구소와 〈파이낸셜 타임스〉가 공동으로 집계하는 '세계경제 회복 추적 지수'(TIGER)로, 영어 약어를 따 '타이거 지수'라고 불린다.

그림 1-11. 미국 경제의 팽창기 (단위: 개월)

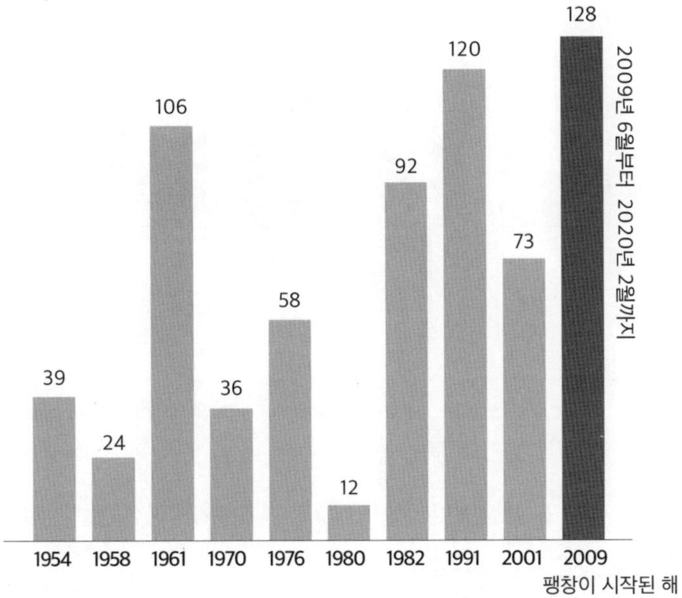

출처: Oxford Economics, NBER

그림 1-12. 벼랑 끝에 선 세계경제

(여러 지표들의 상대적 강도를 나타내는 합성지수)

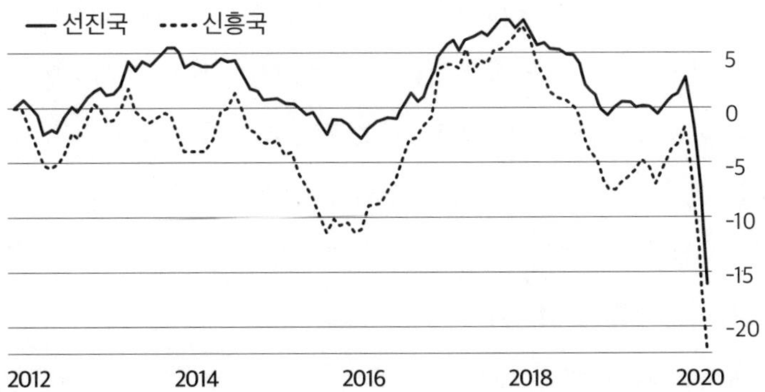

출처: Brookings Institution © FT

그림 1-13. 세계 실질 GDP 성장률 (단위: 퍼센트, 연간)

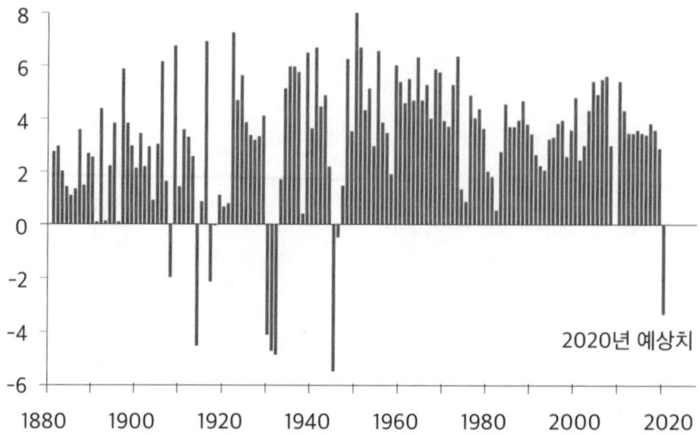

출처: Maddison, Refinitiv

해가 될 것이다. 생산량이 줄어든 것도 제2차세계대전 말기 이후로 처음이다(그림 1-13 참조).

[미국의 거대 투자은행] JP모건의 경제학자들은 팬데믹으로 향후 2년 동안 전 세계의 생산량이 5조 5000억 달러 이상 줄어드는 대가를 치를지도 모른다고 예상한다. 이는 일본의 연간 생산량[5조 1500억 달러]보다 큰 규모다. 그리고 이 손실은 영구적일 것이다. 2021년 말까지 거의 GDP의 8퍼센트가 사라지는 셈이다. 선진국 경제가 치를 대가만 해도 2008~2009년과 1974~1975년 경기 침체를 합친 것과 비슷할 것이다. 경기 부양을 위한 전례 없는 통화·재정 정책에도 불구하고 GDP는 아무리 빨라도 2022년까지는 지금의 위기 이전 추세로 복귀하기 힘들 것이다.

국제결제은행BIS은 국제 공조 없이 각국이 개별적으로 대응하다가는 코로나19 2차 유행을 초래할 수 있고, 최악의 경우 2020년 말

그림 1-14. 미국 경기 침체기 GDP의 누적 수축 규모 (단위: 퍼센트)

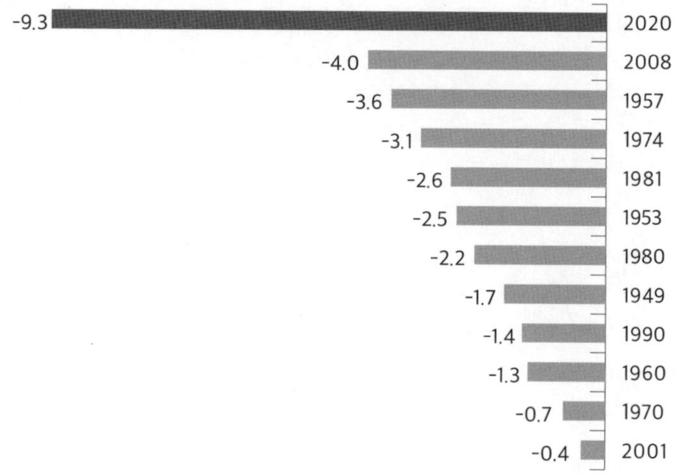

출처: Oxford Economics, BEA

미국 GDP가 코로나19 유행 전보다 12퍼센트 가까이 하락할 위험이 있다고 경고했다.* 2008~2009년 대침체 때보다 더 심각한 상황이다(그림 1-14 참조).

[영국의 경제예측 기구] 옥스퍼드이코노믹스의 추정에 따르면, 미국에서 일자리 2000만 개가 사라져서 실업률이 1929년 대불황 이래 가장 크게 치솟을 것이고(그림 1-15 참조), 일자리의 40퍼센트가 심각한 영향을 받을 것이라고 한다(그림 1-16 참조).

또 '남반구'의 소위 '신흥국'이 처한 상황도 있다. 많은 신흥국이 기초 상품(에너지, 산업재 금속, 농식품 등) 수출국인데, 기초 상품은 2008~2009년 대침체가 끝난 뒤 가격이 급락했다(그림 1-17 참조).

---

* 실제로는 3사분기 반등에 힘입어 3.5퍼센트 하락했다.

그림 1-15. 미국 취업 인구와 실업률

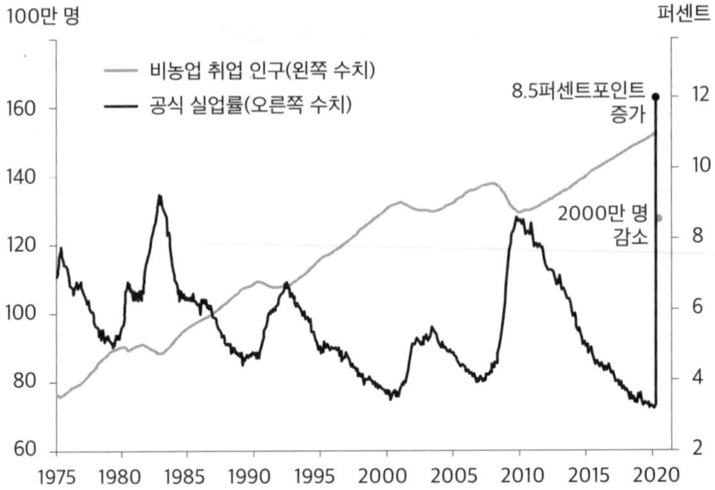

출처: Oxford Economics / Haver Analytics

그림 1-16. 코로나19가 미국의 일자리에 미치는 영향

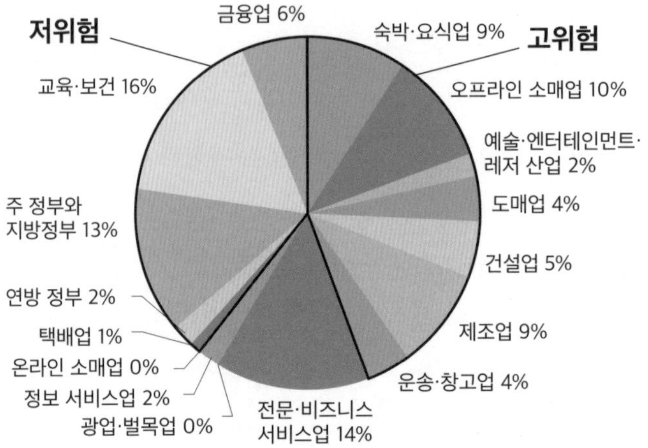

출처: Oxford Economics / Haver Analytics

그림 1-17. 기초 상품의 연평균 수익률

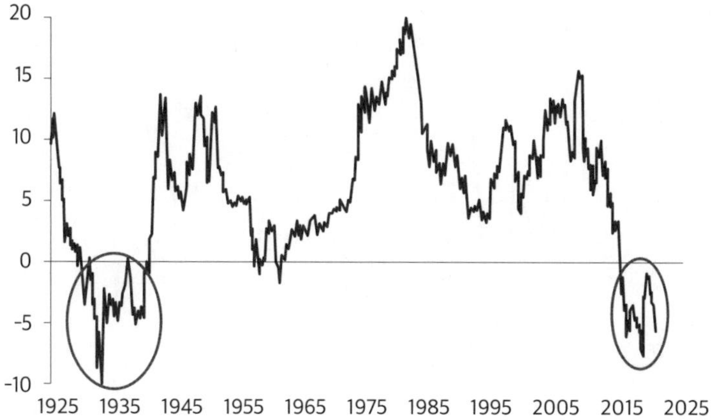

이제 코로나19 팬데믹은 이런 경제 수축을 강화할 것이다. 2020년 신흥국 시장의 생산량은 1.5퍼센트 수축할 전망이다. 신뢰할 만한 집계가 시작된 1951년 이래 처음으로 감소하는 것이다(그림 1-18 참조).

팬데믹으로 2020년 사하라사막 이남 아프리카 국가들이 25년 만에 처음으로 경기 침체에 빠질 것이라고 세계은행은 예측한다. 세계은행이 발행하는 [아프리카 경제 전망 보고서] 《아프리카의 맥박》에 따르면, 2019년 2.4퍼센트 성장한 이 지역 경제는 2020년 2.1~5.1퍼센트 수축할 것이며, 코로나19의 영향으로 무엇보다 무역·가치 사슬이 두절돼 사하라사막 이남 아프리카 경제의 생산량이 370억~790억 달러 줄어들 것이다. IMF 수석 경제학자였던 케네스 로고프는 "1930년대 이래 경험한 바 없는 상품 가격 붕괴와 국제 무역 붕괴를 목도하고 있다"고 했다.

그림 1-18. 신흥국 GDP 성장률

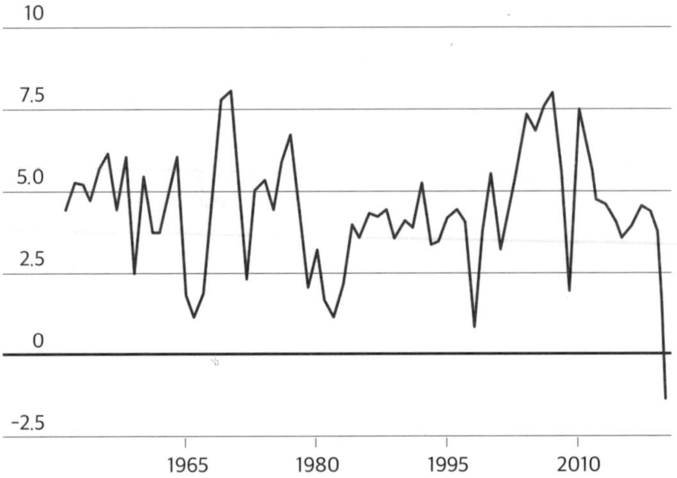

출처: Maddison, Refinitiv, Capital Economics

전 세계 국가의 거의 절반에 해당하는 90여 개 '신흥'국이 IMF에 구제금융에 관해 문의했으며, 적어도 60개국이 세계은행의 [지원] 프로그램을 이용하려 했다. 세계은행과 IMF는 최대 1조 2000억 달러의 재원을 보유하고 있고 이를 팬데믹의 경제적 파장에 대응하는 데 사용할 수 있게 할 것이라고 했지만, 이 액수는 소득, GDP, 자본유출 손실에 비하면 터무니없이 작다.

금융기관 연합체인 국제금융협회IIF의 자료에 따르면 2020년 1월 이래 960억 달러가 신흥국 시장에서 빠져나갔다. 10년 전 세계 금융 위기 때 빠져나간 260억 달러의 3배가 넘는 수치다. 로고프는 "분명 정부 부채 위기가 쇄도할 것이다. … 이 체제는 이렇게 많은 채무불이행과 구조조정을 한꺼번에 감당하지 못한다"고 했다.

그럼에도 코로나19로 인한 봉쇄 조치가 풀리면 '억눌린' 수요가 분출해 세계경제가 반등한다는 낙관주의가 여기저기 퍼져 있다. 사람들이 일터로 돌아가고, 가계가 전에 없는 소비를 하며, 기업들이 예전 직원들을 다시 고용하고 팬데믹 이후의 밝은 미래를 위해 투자를 시작할 것이라고 말이다.

아이슬란드의 중앙은행장은 이렇게 말했다. "사람들이 집에만 있어서 쌓이는 돈이 그냥 사라지지는 않을 것이다. 이 돈은 팬데믹이 끝나자마자 경제로 다시 흘러 들어갈 것이다. 번영이 다시 시작될 것이다." 작은 나라의 중앙은행장뿐 아니라 세계 최대 경제 대국의 조타수도 이런 시각을 공유한다. 미국 재무부 장관 스티븐 므누신은 이렇게 공언했다. "이것은 단기적 문제입니다. 두어 달 정도 걸릴지도 모르지만 우리는 이 사태를 헤쳐 나갈 것이고 경제는 어느 때보다 강해질 것입니다."

미국 전 재무부 장관이자 케인스주의의 권위자인 래리 서머스도 조심스럽게 이에 동조했다. "많은 사람이 예상하는 것보다 경기회복이 빠를 수 있습니다. 케이프코드[유명한 여름 휴양지]의 경기가 겨울에는 완전히 불황에 빠졌다가 다시 회복되거나 미국 GDP가 매주 월요일 아침마다 회복되는 것과 그 성격이 비슷하기 때문입니다." 그러니까 미국과 세계경제는, 겨울 동안 실질적 타격은 없었고 여름이 되면 다시 개장할 태세가 돼 있는 비수기의 케이프코드 같은 상황이라는 것이다.

굉장한 낙관이다. 그러나 이런 낙관론자들이 빠른 V형 회복을 전망하면서 간과하는 것이 있다. 코로나19 팬데믹이 초래한 경기후퇴

그림 1-19. 기업 규모별 좀비 기업의 비율

(이자·세금 공제 전 이익이 이자 비용보다 적은 기업의 비율)

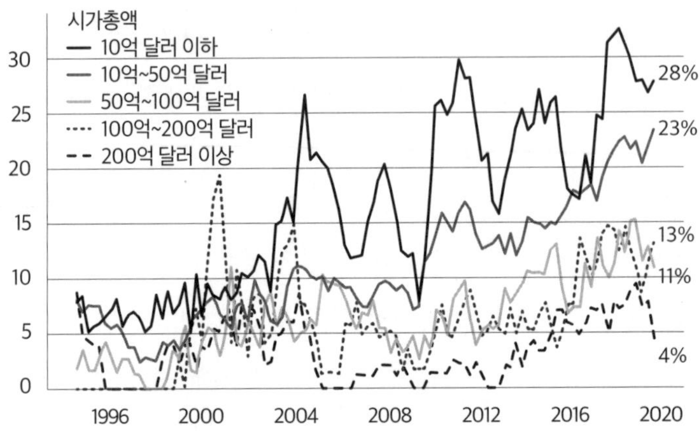

출처: Bloomberg LP

가 '정상적'인 것이 아니며, 한 지역이 아니라 세계경제 전체를 강타하고 있다는 점이다. 많은 기업, 특히 소규모 기업들이 팬데믹 이후에 재기하지 못할 것이다. 코로나19로 인한 봉쇄 조치가 있기 전부터 미국·유럽 기업의 10~20퍼센트는 영업 비용과 대출이자를 감당할 만큼의 이윤도 벌지 못했다. 이런 '좀비' 기업에게 케이프코드의 겨울은 마지막 결정타일지도 모른다. 이미 중간 규모의 여러 소매·레저 업체가 파산 신청을 했고, 항공사·여행사가 그 뒤를 따를 수 있다. 많은 셰일 오일 기업도 경영난에 빠져 있다(그림 1-19 참조).

주요 금융 분석가인 모하메드 엘에리언은 이렇게 결론짓는다. "부채는 이번 위기에 적응하는 기업과 그러지 못하는 기업을 나누는 경계선이자, 적자생존 경쟁에서 사활적 요소임이 이미 입증되고 있다. 많은 부채를 안은 상태에서 위기를 맞닥뜨린 기업들은 계속 더

그림 1-20. 유로존 GDP가 코로나19 이전 수준으로 회복되는 데 걸리는 시간

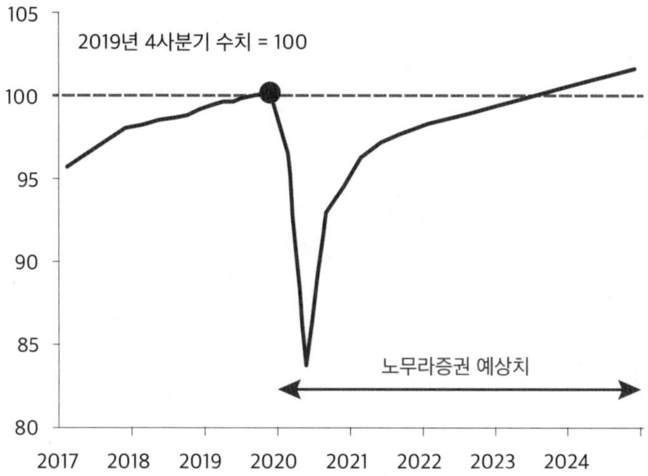

출처: Eurostat, Haver Analytics, Nomura

큰 어려움을 겪을 것이다. 여기서 살아남으면 수많은 경쟁자가 사라진 풍경을 맞이하게 될 것이다."

이렇듯 봉쇄 조치 이후 생산량이 이전 수준으로 회복되는 데는 훨씬 오랜 시간이 걸릴 것이다. [일본계 대형 투자은행] 노무라증권의 경제학자들은 2023년까지는 유로존* GDP가 2019년 4사분기 수준을 넘어서지 못할 공산이 크다고 예상한다!(그림 1-20 참조)

내 책 《장기불황》에서** 자세히 설명했듯이, 2008~2009년 대침체

---

* 유로존 유럽연합의 단일 화폐인 유로를 사용하는 19개국(2021년 현재).

** 국역: 《장기불황: 어떻게 일어났고, 왜 일어났으며, 이제 무엇이 일어날 것인가》, 연암서가, 2017.

그림 1-21. 미국의 1인당 실질 GDP와 1970~2007년 추세선 (단위: 달러)

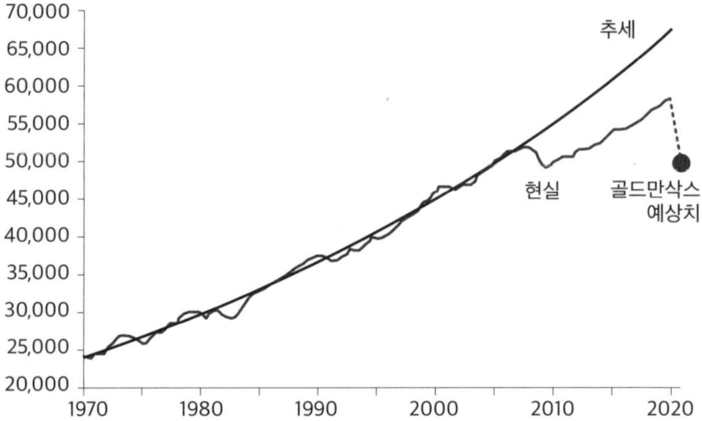

이후 성장 추세가 그 이전 상태로 결코 회복되지 못했다는 점을 기억해야 한다. 성장이 재개됐을 때 성장률은 이전보다 저조했다.

2009년 이래 미국 1인당 GDP의 연평균 성장률은 1.6퍼센트였다. 2019년 말에 1인당 GDP는 2008년 이전 성장 추세선보다 13퍼센트나 낮았다. 즉, 2008~2009년 대침체 말미에는 추세선보다 9퍼센트 낮았다. 즉, 대침체가 끝난 후 10년 동안 미국 경제가 팽창했음에도 추세선과의 격차는 더 벌어진 것이다. 그 격차는 현재 1인당 1만 200달러에 이른다. 소득의 영구적 손실이다. 그리고 이제 [미국의 거대 투자 은행] 골드만삭스는 1인당 GDP가 지난 10년간의 상승 폭을 무위로 돌릴 만큼 떨어질 것이라고 예측한다(그림 1-21 참조).

세계무역도 문제다(그림 1-22 참조). 2009년 이후 세계무역은 세계 GDP와 거의 비슷하게 증가하지만, 2009년 이전 추세선(점선 ⓐ)보다는 한참 뒤처졌으며, 이제는 더 낮아진 추세선(점선 ⓑ)보다도

그림 1-22. 세계무역 추세 (2015년 수치 = 100)

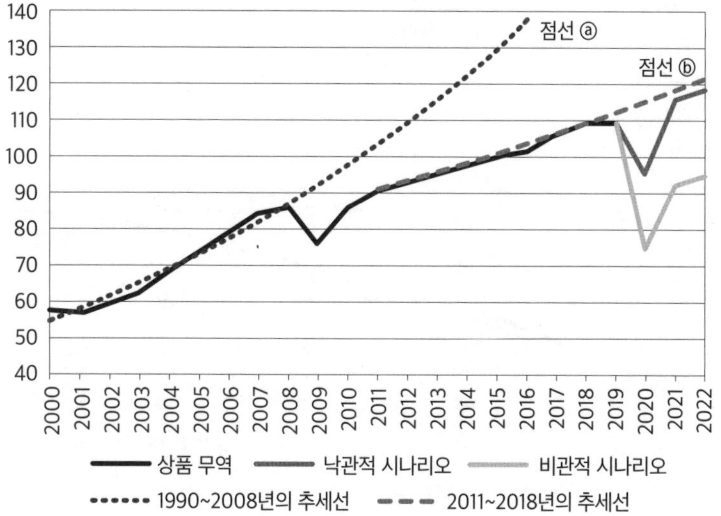

출처: WTO

처져 있다. 세계무역기구WTO는 세계무역이 적어도 2년 동안은 더 낮아진 추세선조차 따라잡지 못할 것이라고 예상하고 있다.

그런데 전 세계 중앙은행들이 경제에 투입한 막대한 신용과 대출, 전 세계 정부들이 경기 부양을 위해 펼친 거대한 재정 정책이 있지 않은가? 이것이 경제를 더 빨리 호전시키지 않을까? 지금 중앙은행은 물론 IMF나 세계은행 같은 국제기구조차 경제 개입에 뛰어들어 국채, 회사채, 학자금 대출, 심지어 각종 상장지수펀드ETA를* 매입해 (2008~2009년 세계 금융 위기 때도 볼 수 없었던 규모로) 신용을

* 상장지수펀드 주가지수의 변동에 따라 수익을 얻을 수 있도록 설계된 펀드로 파생금융상품의 일종이다.

그림 1-23. 미국의 4차 양적 완화 정책의 국채 매입 전망 (단위: 10억 달러)

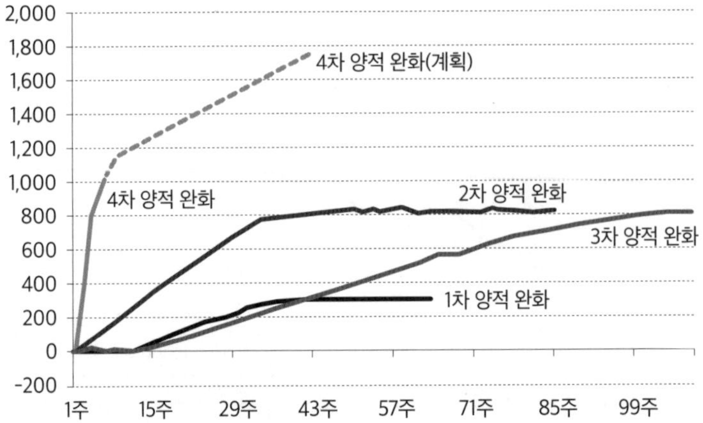

출처: BofA Global Research

투입하고 있다는 것은 사실이다. 미국 연방준비제도이사회[이하 연준]의 국채 매입 규모는 이미 이전 양적 완화 정책을 뛰어넘었다(그림 1-23 참조).

그리고 2020년 3월에 미국 의회가 통과시킨 재정지출도 2008~2009년 대침체 시기의 재정지출을 훨씬 능가한다(그림 1-24 참조).

경제와 기업을 지키기 위해 전 세계에서 발표한 신용 제공과 재정지출 규모를 추산해 봤다(그림 1-25 참조). 재정지출은 GDP의 4퍼센트를 넘어서고, 이와 별도로 신용 제공과 정부 보증은 GDP의 5퍼센트에 이를 것으로 예상된다. 이 규모는 2008~2009년 대침체 때의 2배다. 몇몇 주요 국가는 실직한 노동자와 문 닫은 소기업을 지원하려고 더 많은 자금을 투입하고 있다.

이런 정책들은 다른 방향으로도 더 나아간다. 정부는 가계와 기

그림 1-24. 미국 의회가 비준한 재정지출 자금 (단위: 조 달러)

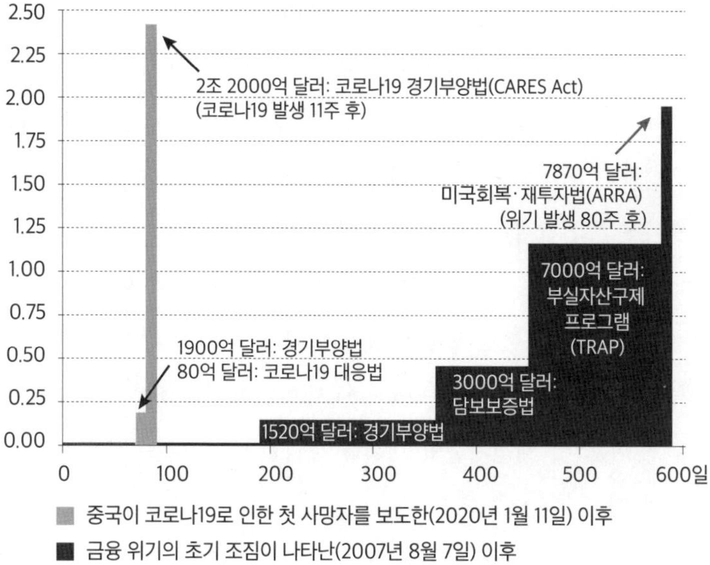

출처: Oxford Economics / CBO

그림 1-25. 국가별 GDP 대비 재정지출 규모 (단위: 퍼센트)

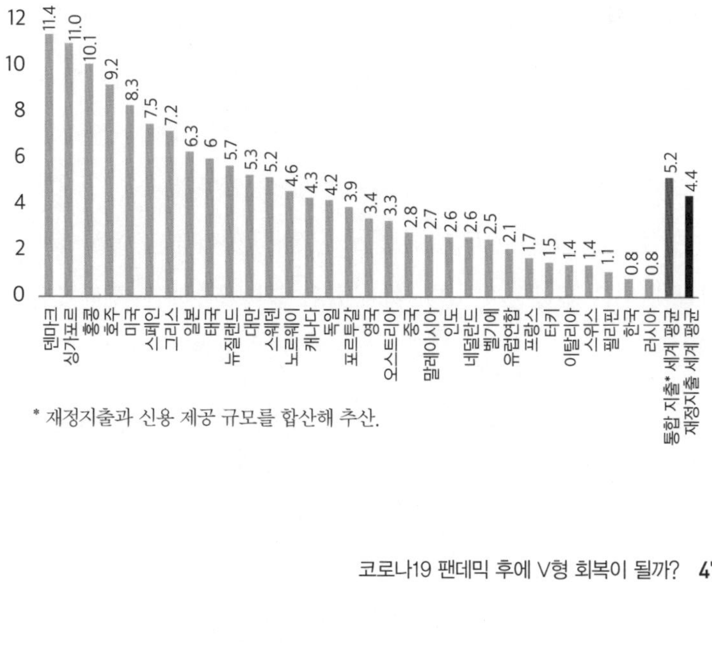

* 재정지출과 신용 제공 규모를 합산해 추산.

업에게 직접 현금을 지급하기도 했다. 사실상 이는 악명 높은 자유시장 통화주의 경제학자 밀턴 프리드먼이 말한 '헬리콥터 머니', 즉 사람들을 구하기 위해 하늘에서 돈을 뿌리는 것과 다름없다. 은행은 잊어버리고, 돈이 필요하고 돈을 쓸 사람들에게 돈을 쥐여 주라.

헬리콥터 머니, 즉 사람들에게 직접 돈을 주라고 요구해 온 포스트케인스주의 경제학자들의 주장이 이렇게 정당화된다.

게다가 지금까지 주류 경제정책에서 거부되거나 무시되던 견해가 갑자기 괜찮은 것으로 받아들여지고 있다. 이것은 부채(국채 발행)를 늘리지 않고 그냥 '돈을 찍어 내서', 즉 중앙은행이 정부 계좌로 돈을 꽂아 줘서 재정지출의 재원을 충당할 수 있다는 견해[이른바 현대화폐론]다.

현대화폐론MMT에 콧방귀를 뀌던 케인스주의 논평가 마틴 울프는* 이제 이렇게 말한다. "낡아 빠진 원칙은 모두 버려라. 각국 정부는 옛 재정 준칙들을 이미 포기하고 있고 마땅히 그래야 한다. 중앙은행도 수단과 방법을 가리지 말아야 한다. 이것은 정부가 통화를 공급하라는 의미다. 중앙은행은 자신들이 벌이는 일이 돌이킬 수 있는 일이고 그래서 통화 공급이 아닌 것처럼 군다. 그것이 착각일지라도 그 덕분에 중앙은행들이 조치를 취할 수 있다면 좋은 일이다. … 다른 대안은 없다. 아무도 신경 쓰지 않을 것이다. 후폭풍을 헤쳐 나갈 방법은 얼마든지 있다. 이처럼 위기가 심각하면 '헬리콥터 머

* 마틴 울프 〈파이낸셜 타임스〉의 수석 논설위원. 대표적 신자유주의자였으나 2008년 위기를 겪은 뒤에는 케인스주의 정책을 일부 도입하자고 주장해 왔다.

니'조차 완전히 정당할 수 있다."

현대화폐론의 정책이 도래했다! 물론, 이처럼 순수한 통화 공급 정책은 일시적이고 제한적일 테지만, 현대화폐론의 지지자들은 자신들 주장대로 영구적일 수도 있다며 의기양양해한다. 즉, 정부가 지출을 해야 하고 따라서 화폐를 창출해야 하며, 경제를 완전고용에 이르게 해 그 상태를 유지해야 한다는 것이다. 국가와 현대화폐론이 자본주의를 구원할지어다.

나는 다른 글들에서 마르크스주의적 관점에서 현대화폐론의 이론적 결함들을 자세하게 다룬 바 있다.* 이 이론과 정책은 자본주의의 사회적 구조라는 핵심 요소를 무시하는 문제가 있다. 자본주의에서는 생산과 투자가 대중의 필요를 충족하기 위한 것이 아니라 이윤을 위한 것이다. 그리고 이윤은 기술과 생산적 자산에 대한 투자 비용에 비해 노동계급을 얼마나 충분히 착취할 수 있는지에 달려 있다. 이윤은 정부가 충분한 '유효수요'를 제공했는지 여부에 달려 있지 않다.

급진적인 포스트케인스주의자와 현대화폐론 지지자들은 정부가 지출하고 또 지출하면 가계도 더 많이 지출하고 자본가도 더 많이 투자할 것이라고 가정한다. 그래서 경제(즉, 자본주의)의 사회적 구조를 바꾸지 않고도 완전고용을 이룰 수 있다고 본다. 현대화폐론 정책하에서는 은행들이 온존할 것이며, 대기업과 FAANG도** 무사할

---

* 이 책의 138쪽에 실린 "현대화폐론: 돈을 찍어 경제를 살릴 수 있을까?" 참조.

** FAANG 세계적 IT 기업인 페이스북·아마존·애플·넷플릭스·구글의 머리글자를 딴 용어.

것이고, 주식시장도 계속 굴러갈 것이다. 자본주의는 화폐가 열리는 마술 나무[영어로 Magic Money Tree의 머리글자를 따면 MMT]로 재원을 마련하는 국가의 도움으로 문제를 해결할 것이다.

베이징대 교수 마이클 페티스는 저명한 '대차대조표' 거시경제학자다.* 페티스는 "현대화폐론 천국과 현대화폐론 지옥"이라는 흥미로운 글에서, 정부 지출 증대를 위한 화폐 발행이 효험이 있을 것이라는 낙관적 추측을 비판한다. "핵심은 이것이다. 정부가 추가 자금을 지출해서 GDP가 부채보다 빨리 늘어날 수 있다면, 정치인들은 고삐 풀린 인플레이션이나 부채 증가를 걱정할 필요가 없다. 그러나 이 돈이 생산적으로 쓰이지 않는다면 그런 걱정을 해야 한다. … 화폐를 창출하거나 빌리더라도 직접 또는 간접적으로 생산적 투자를 증가시키지 않는다면, 한 나라의 부는 증가하지 않는다."

페티스는 [다른 글에서도] 이렇게 지적한다. "미국 기업들이 투자를 꺼리는 것이 자본비용이 비싸서가 아니라 기대 수익이 낮기 때문이라면, 자본은 값싸지만 수요는 낮은 모순된 상황에서 미국 기업들이 투자를 늘리는 것으로 대응하지는 않을 것이다." 말을 물가로 끌고 갈 수는 있어도 억지로 물을 마시게 할 수는 없다는 것이다.

통화·재정 정책으로 퍼 주는 돈의 대부분은 결국 지출되지 않고 축장되거나, 피고용인과 생산이 아니라 비생산적 금융자산에 투자

---

* 마이클 페티스는 2008~2009년 대침체와 1990년대 일본의 침체기를 '대차대조표 침체'라는 개념으로 설명한다. '대차대조표 침체'란 기업이나 가계의 부채 부담이 커져서 투자나 소비보다 부채 상환에 집중하다가 발생하는 경기 침체를 말한다.

될 것 같다. 중앙은행들이 현금과 공짜 대출을 퍼붓자 전 세계 주식 시장이 반등한 것은 결코 놀라운 일이 아니다.

좌파 경제학자 딘 베이커조차 현대화폐론 천국과 거대한 재정지출의 효험을 의심한다. "사업장 폐쇄가 풀리고 나면 소비가 폭발해 음식점·항공사·호텔 등의 기업들이 당장 감당할 수 있는 수준을 넘어서서 수요가 넘치는 일이 실제로 벌어질 수 있다. 그 경우 이 기업들이 초과수요에 대응해 가격을 올려 인플레이션이 한바탕 벌어질지도 모른다." 즉, 현대화폐론 지옥이 펼쳐진다는 것이다. 그래서 베이커는 "이 시점에 포괄적 지출은 바람직하지 않다"고 결론짓는다.

글쎄, 푸딩이 맛있는지는 먹어 봐야 아는 것이니 지켜볼 일이다. 그러나 나와 다른 사람들이 지난 10년 넘게 수집한 역사적 증거들은 케인스주의의 소위 승수효과가* 성장을 회복하는 데 제한적 효과만 냈다는 것을 보여 준다. 경제를 되살리는 데서 핵심은 소비자가 아니라 자본주의 기업이라는 것이 주된 이유다.

그리고 승수효과에 관한 새로운 증거가 있다. 보통 주장하는 바와 달리 승수는 1 이상이 아니었다. 즉, 정부 지출을 GDP의 1퍼센트만큼 늘려도 국가 생산량이 GDP의 1퍼센트만큼 증가하지 않는다는 것이다. 어떤 경제학자들이 지난 10년 동안 유럽에서 나타난 승수효과를 조사했다. 그 결론은 다음과 같았다. "경제 위기가 절정일

---

* 승수효과 정부가 돈을 풀면 그것이 소비와 투자를 진작해 애초 지출한 돈보다 더 많이 경기 부양 효과가 난다는 주장으로, 승수가 1 이상이면 그 효과가 발생하는 것으로 본다.

때 재정 승수가 1을 크게 상회했다는 기존 주장과 달리 우리가 이전 시기를 분석했을 때 '실제' 승수는 1에 미치지 못했다."

이번에도 승수가 1보다 높을 이유는 거의 없다. 몇몇 주류 경제학자는 또 다른 논문에서 다음과 같은 이유로 V형 회복이 어려울 거라고 주장한다. "수요는 내생적이고, 공급 충격이나 다른 경제 현상의 영향을 받는다. … 이는 공급 충격이 일으킨 경기후퇴에는 전통적 재정 부양책이 효과적이지 않음을 시사한다. … 수요는 실제로 공급 충격에 과민 반응할 수 있고, 이는 … 부문 간 낮은 대체 가능성, 불완전한 시장, 유동성 제약을 받는 소비자들" 때문에 "수요 결핍 침체로 이어질 수 있다." 그래서 "다양한 형태의 재정 정책은 지출된 달러당 효과가 적을 수 있다."

그러나 달리 무엇을 할 수 있다는 것인가? [이 논문의 저자들은 이렇게 답한다.] "그럼에도 불구하고 우리의 모델에서 팬데믹에 대처하는 최적의 정책은 풍부한 사회보장과 느슨한 통화정책을 결합하는 것이다." 이것이 쟁점이다. 자본주의 경제의 사회적 구조를 건드리지 않는다면 남는 방법은 화폐 발행과 정부 지출뿐이다.

어쩌면 코로나19 팬데믹이 초래하는 광범하고 깊은 불황 자체가, 파산·폐업·해고 등으로 자본 가치가 절하돼 취약한 자본주의 기업이 청산되고, 기술적으로 앞선 더 성공한 기업이 더 수익성 높은 환경에서 그것을 넘겨받는 조건을 조성할 것이다. 이것은 마르크스주의 이론이 제시한 고전적인 호황·불황·호황의 순환이 될 것이다.

전前 IMF 총재이자 프랑스 대통령을 꿈꾸는, 악명 높은 도미니크 스트로스칸도 넌지시 이렇게 말한다. "경제 위기는 자본을 파괴함으

그림 1-26. 도식으로 나타낸 경기 침체와 불황

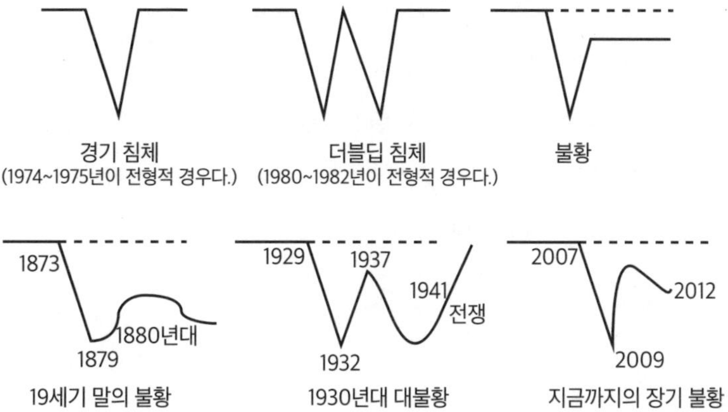

로써 탈출구를 제공할 수 있다. 일부 생산 시설이 붕괴해서 만들어진 투자 기회는, 지원 조치들의 가격효과와 마찬가지로, [오스트리아 출신 미국 경제학자 조지프] 슘페터가 묘사한 창조적 파괴의 과정을 소생시킬 수 있다."

이번 불황의 심각성에도 불구하고 자본이 충분히 파괴될지는 의문이다. 특히 많은 구제 자금이 가계가 아니라 기업을 살리는 데 쓰이고 있기 때문이다. 따라서 봉쇄 조치들이 풀리더라도 V형 회복은 고사하고 (지난 10년간의) '정상 상태'로 돌아가는 것도 불가능할 것 같다.

《장기불황》에서 나는 경기 침체와 불황의 차이를 보여 주는 도식을 제시했다(그림 1-26 참조). V형이나 W형 회복이 표준이지만 자본주의 역사에서는 불황이 지배하는 시기도 있다. 1873~1897년의 불황기(20년 이상 지속됐다)에는 몇 번의 경기 부진이 여러 나라에서 나타나고 미약한 회복이 뒤따라서 이전 성장 추세를 회복하지 못하는 [거꾸로 된] 루트형(⎺√) 추세가 나타났다.

지난 10년은 19세기 말의 상황과 비슷하다. 그리고 지금의 팬데믹 불황에서 회복이 [어느 정도] 이뤄질 테지만 향후 수년간은 이전 성장 추세를 밑돌 것이다. 그것은 우리가 지난 10년간 경험해 온 장기 불황의 또 다른 국면이 될 것이다.

장기 불황으로 들어선 세계경제

2007년 세계적 금융 붕괴와 대침체라는 지진 같은 소동이 시작됐다. 2007년 8월 9일 [프랑스 은행] BNP파리바는 자사가 막대한 손실을 입고 있으며, 미국 주택저당증권에 대한 펀드 2개를 판매 중지한다고 발표했다. 얼마 지나지 않아 미국과 유럽의 다른 은행들도 비슷한 손실을 발표했다. 2007년 10월부터 주식시장이 폭락하기 시작했다(주식시장은 3월부터 불안정했다).

그 이후로 전 세계에서 은행들의 손실 발표가 눈사태처럼 일어났다. 그러고 나서 미국 등 선진 자본주의 경제들이 대침체로 빠져들었고, 이 대침체는 2008년 초부터 2009년 중반까지 18개월 동안 이어졌다.

출처: "From global slump to long depression", *International Socialism* 140 (Autumn 2013).

그림 1-27. 실질 GDP 성장률 (전년 대비 퍼센트)

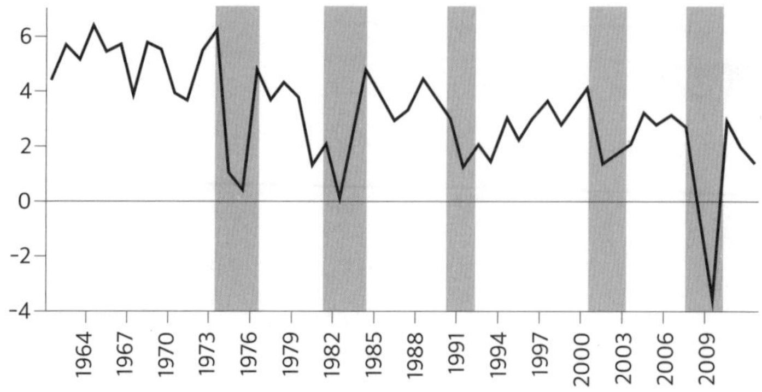

출처: OECD

대침체의 원인

이 불황은 대침체라고 불리는데, 그야말로 "거대"했기 때문이다. 그림 1-27이 보여 주듯이, 실질 GDP가 1929~1930년에 시작된 대불황 이래 가장 큰 폭으로 떨어졌다. 지리적으로는 대불황 때보다 훨씬 더 많은 지역으로 위기가 확산됐다.[1]

세계무역이 급감했고, 실업률이 치솟았고, 자본주의에서 가장 중요한 것, 즉 투자가 폭락했다(그림 1-28 참조). 부동산에 대한 투자는 2007년까지 신용을 기반으로 한 호황을 누리다가 큰 폭으로 하락했고, 생산적 자산에 대한 투자도 폭락했다.

이윤량이 뚝 떨어졌다. 특히 금융 부문의 이윤량이 크게 떨어졌는데, 금융 부문은 1990년대부터 2007년까지 선진 경제의 이윤에서 큰 몫을 차지하고 있었다. 금융 부문은 1980년에 미국 기업 이윤의 고작 10퍼센트를 차지했는데, 2007년에 이 수치는 40퍼센트를 넘어

그림 1-28. 자본 투자 (전년 대비 퍼센트)

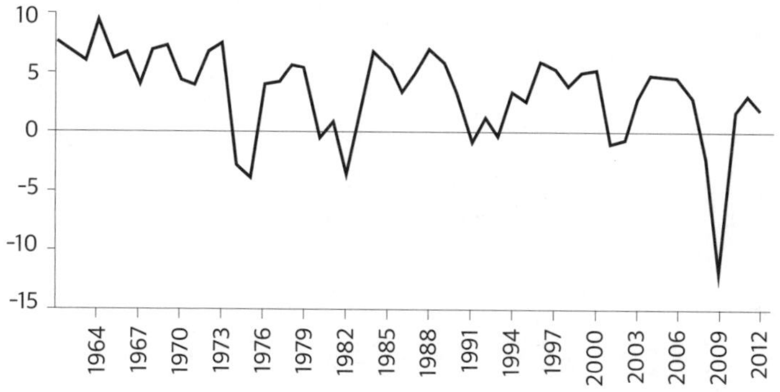

출처: OECD

섰다. 이제 그 몫이 급격히 떨어졌다.

금융 부문은 추풍낙엽의 처지였다. 자본주의 체제에서, 특히 미국·영국·유럽에서 금융 부문이 매우 중요했기 때문에 금융 부문의 위기는 이제 파산과 폐업의 사슬을 통해 자본주의의 생산적 부문도 끌어내릴 위험이 있었다. 정부가 행동에 나설 수밖에 없었다. 정부가 내놓은 해법은 은행, 담보대출 기업, 보험회사를 정부 돈으로 살리는 것이었다. 거기에 필요한 돈은 일부는 봉급생활자에게 더 높은 세금을 매겨서 충당했지만, 대부분 빌려서 충당했다. 다른 말로 하면, 위기에 빠진 바로 그 은행·보험회사와 국가 연기금에 국채를 판매해서 돈을 마련한 것이다.

정부는 일부 기업(베어스턴스·리먼브러더스)은 파산하도록 내버려 뒀지만, 다른 기업은 대부분 구제해 줬다. 국제적 보험회사 AIG가 특히 많은 지원금을 받았는데, AIG는 은행과 헤지펀드 투기꾼이 주택저당증권 파생상품 같은 "혁신적" 가공자본에 투기하다 입을

그림 1-29. 선진 경제들의 국가 부채 (GDP 대비 퍼센트)

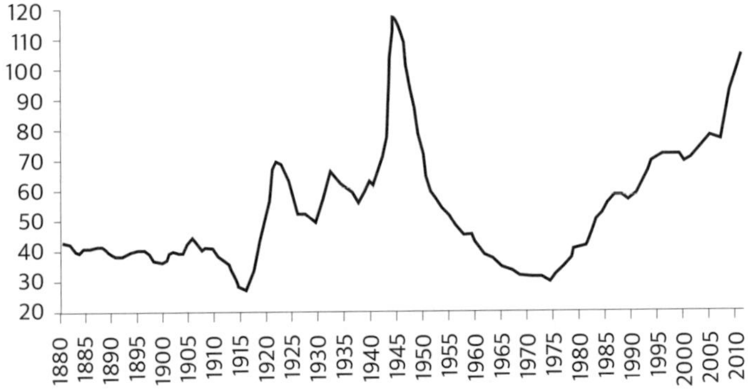

출처: IMF World Economic Outlook, October 2012

손실을 보전해 주는 보험 상품을 판매했다. AIG에 막대한 지원금을 준 것은, 골드만삭스 같은 기업들이 투기적 투자를 하다 입은 손실에 대한 보험금을 한 푼도 손해 보지 않고 AIG한테서 타 갈 수 있도록 해 주기 위해서였다. 즉, 거대 은행들이 무모하게 탐욕을 부리다 생긴 손실을 결국 납세자들이 모두 보상해 준 셈이었다.[2]

금융 기업들은 가계에 대출해 주려고 돈을 빌려 미국과 유럽에서 부동산 거품을 만들어 냈다.[3] 거품이 터지자 [돈을 빌려준] 은행들은 큰 곤경에 처했고, 국가가 그 빚을 떠안아야 했다. 그 뒤 은행들은 납세자들의 희생을 대가로 부실 자산을 털어 낼 수 있었다. 반면 가계는 담보대출금을 갚지 못해 채무불이행 상태에 빠졌다. 이처럼 가계에서 은행으로, 은행에서 정부로 빚 꾸러미가 옮겨 갔다.

정부 부채가 제2차세계대전 이래 최고 수준으로 치솟았다(단지 몇몇 나라에서만 그런 것이 아니라 모든 나라에서 그랬다). 그림 1-29를 보면 신용 경색과 대침체 이후 공공 부채가 어떻게 폭증했는지를 알 수 있다. 이제 정부는 채권 소유자(은행 등)한테 빚을 갚기 위해 납세자들, 특히 봉급생활자들에게 조만간 막대한 비용을 청구할 터였다. 정부 재정 적자가 불어났다. 구제금융에 필요한 돈을 마련하기 위해서이기도 했지만, 경제가 급격히 수축하고 실업률이 폭증하면서 세입은 줄고 복지 지출은 늘었기 때문이기도 했다.

친자본주의 정부들은 이 적자를 줄이고 신규 부채의 규모를 줄이기로 결심했다. 그래서 정부들은 대침체가 끝나자마자 '긴축'정책을 시행하기 시작했다. 긴축의 목표는 3가지다. 첫째, 정부 지출을, 특히 공공 부문, 공무원, 정부투자, 복지를 줄이는 것이다. 둘째, 봉급생활자들에 대한 세금을 다양한 형태로 올리는 것이다. 셋째, 퇴직 연령[연금 지급 개시 연령]을 늦추고 보험료 납부 기간을 늘리고 납부액을 올려 국가 연금 지출을 줄이는 것이다.[4]

케인스주의자들은, '야성적 충동'* 학파든 금융 불안정성 학파(민스키)든,[5] 자본주의의 결함이 오로지 금융 부문에 있다고 본다. 이와 반대로 마르크스는 자본주의 경제 위기의 원인은 결국 자본주의적 생산과정, 특히 이윤을 위한 생산에 내재해 있다고 봤다. 마르크스는, 시간이 지남에 따라 자본주의적 축적 과정에서 이윤율이 하락하는 경향이 있다는 법칙을 바탕으로 경제 위기 이론을 발전시켰다.

짧게 말해 그 법칙은 이렇다. 자본주의가 발전하면서 가변자본(노

---

* 케인스는 자본주의에서 투자가 개별 기업가의 본능·성향·감각 등 주관적 결정에 달려 있다고 보면서 기업가의 "야성적 충동"에 따라 경기가 변동한다고 말했다.

동자 임금에 대한 투자)의 양보다 불변자본(설비·공장·기술에 대한 투자)의 양이 증가하는 경향이 있다. 가변자본(임금)으로 구매한 노동력만이 잉여가치를 생산하므로 자본가의 전체 투자에 견줘 잉여가치의 양이 떨어진다. 즉, 이윤율이 떨어지는 것이다. 마르크스가 말했듯이 이 경향은 상쇄되기도 한다. 상쇄 요인은 많지만(잉여가치율의 급증이나 생산수단의 상당한 저렴화가 가장 중요하다), 마르크스는 하나의 법칙으로서 이 경향이 결국에는 상쇄 요인을 극복할 것임을 보였다. 결국 이윤율이 떨어지고 생산 위기가 일어난다.[6]

그렇다고 해서 금융 부문이, 특히 신용의 규모와 변동이 자본주의 위기에서 아무런 구실을 하지 않는다는 말은 아니다. 오히려 신용과 가공자본(주식·채권 등 금융자산에 대한 투기적 투자를 가리키는 마르크스의 용어)은 바로 실물자본의 축적에서 수익성이 하향 압박을 받는 것을 벌충하기 위해 크게 성장한다.

미국의 이윤율은 1947~2011년에 장기적 하락 추세를 보인다. 1947~1965년에는 수익성이 높았다. 비록 1950년대에 떨어졌지만 1960년대 중반까지는 안정화됐다. 그 뒤 미국 경제는 수익성이 하락하는 단계로 진입했고, 위기 시기를 거쳐 결국 1980년대 초의 심각한 경기후퇴 때 저점을 쳤다. 그 뒤 수익성이 올라갔다. 1960년대 수준에는 미치지 못했지만 상당한 수준이었다. 이 시기가 이른바 신자유주의 시대였다. 수익성은 1997년에 고점에 이르렀[다가 다시 하락하기 시작했]고 이런 점에서 신자유주의 시대는 1990년대 말에 종말을 고했다고 할 수 있다. 물론 2000년대 초에는 신용 호황으로 수익성이 다시 올라갔지만 말이다.

그림 1-30. G7의 이윤율과 GDP 대비 신용(공공·민간) 비율 (1993년 수치 = 100)

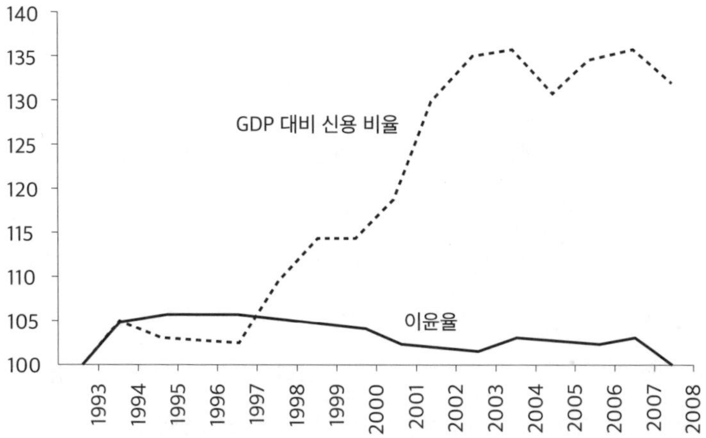

출처: Roberts, 2011

몇 단계로 나눠 이윤율을 측정해 미국 이윤율의 변동을 요약하면 다음과 같다. 1947~2011년 미국 이윤율은 30퍼센트 이상 하락했다. 그 하락은 대부분 1965~1982년에 있었는데, 그때 20퍼센트 이상 하락했다. 그 뒤 1982~1997년에 이윤율이 거의 20퍼센트 회복됐다. 그때 이후로 이윤율은 (현재까지) 9퍼센트 정도 하락했다. 즉, 이전 하락의 절반 정도만 떨어진 것이다.[7] 그림 1-30은 2005년 이후 이윤율이 떨어지고 있다는 것과 함께, 가공자본의 엄청난 팽창은 실물경제의 이윤율(의 하락) 때문에 유지될 수 없었다는 것을 보여준다. 결국 주택 부문과 금융 부문(자본주의적 투자 중 가장 비생산적인 부문들)에서 호황이 끝났고 추세가 역전됐다.

분명, 이윤율의 하락 경향은 부동산·신용·주식시장에 대한 투기를 촉진한다. 자본가들은 상품생산에서 충분히 이윤을 만들지 못하면 주식시장에서 도박을 하거나 여러 금융 상품을 구입하거나 부동산을 구입해 돈을 벌려 할 것이다. 여러 자본가가 이윤율 하락을 동시에 겪으므로 주식과 자산을 동시에 구입하려 하고, 그래서 가격이 올라간다.

돈이 금융 부문과 투기적 부문으로 흘러 들어가는 것은 생산적 부문의 이윤율이 하락하는 것에 대한 현실적인 "상쇄 경향적" 대응이다. 통화 당국이 기준 금리를 낮게 유지하고 신용을 공급해 도와주면 이 비생산적 부문에서 한동안은 이윤율이 더 높을 수 있다. 주식과 자산 가격이 오르면 서로 구입하려 하고, 그래서 거품이 커진다. 그러나 조만간 투자자들이 그 자산들에 그만한 가격을 지불할 가치가 없다는 것을 깨달으면 거품은 터진다. 거품이 터질 때까지 쌓인 부채 때문에 그 충격은 그만큼 더 크다.

근본 문제는 여전히 투자수요를 억누르는 낮은 이윤율이다(그림 1-31 참조). 기초 경제가 건강하면 신용 거품이 반드시 위기를 낳는 것은 아니고, 위기가 생기더라도 짧게 끝난다. 그 예로는 1987년 주식시장 폭락이 있다. 당시에는 주식시장 거품이 꺼졌지만 생산 위기로 이어지지는 않았다. 전체 경제가 건강하고 이윤율이 높으면 [채무자들의] 이자 지급으로 생긴 수익이 이러저러한 식으로 다시 생산에 투자될 것이다.

비생산적 부문에서 인위적이고 일시적으로 이윤을 올리는 것은 자본주의 경제를 유지하고 생산적 부문의 이윤율 하락으로 말미암은 타격을 견디는 데 도움이 된다. 그러나 빚을 갚지 못하는 채무자의 비율이 증가하면 결국 채무불이행이 생기고 금융 부문에서 위기

그림 1-31. 미국의 투자와 이윤 (단위: 10억 달러)

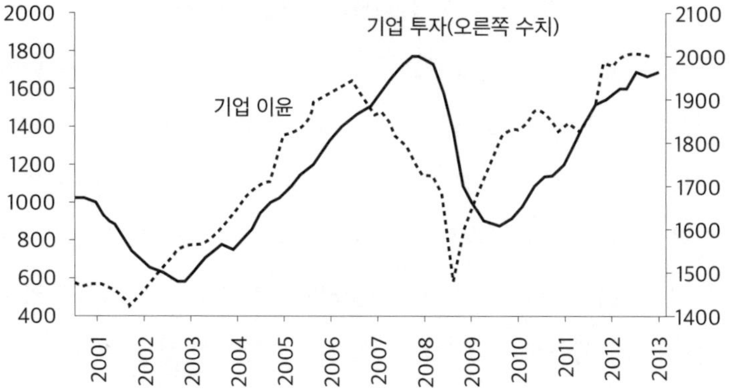

출처: Carchedi and Roberts, 2013a

가 터진다.[8] 자본주의에서 이윤율과 이윤량의 하락을 바로잡고 역전시키려면 불황이 필수적인 것이다.[9]

일부 마르크스주의자는 이렇게 주장했다. 2007년의 신용 경색과 뒤이은 대침체는 고전 마르크스주의가 말하는 수익성 위기가 아니고 마르크스도 이 위기의 원인을 금융으로 볼 것이라고 말이다.[10] 그러나 경험적 증거를 보면 이 위기를 마르크스 법칙에 따른 수익성 위기로 보는 관점이 옳다. 미국 경제의 이윤율은 2007년 여름에 시작된 금융 위기 훨씬 전부터 떨어지기 시작했다. 마르크스주의적으로 계산한 미국 이윤율은 사실 2005년에 24.8퍼센트로 고점을 찍었고 2008~2009년에 3퍼센트포인트 떨어져 저점을 기록했다. 기업 이윤량(세전)은 2006년 3사분기에 1조 6550억 달러로 고점을 찍었고 2008년 4사분기에는 32퍼센트 줄어 1조 1240억 달러로 저점을 찍은 뒤 회복됐다. 이와 비슷하게 금융 부문의 미국 내 이윤은 2006년 2사분기에 4470억 달러로 고점을 찍은 뒤 무려 73퍼센트 줄어 2008년 4사분기에 1220억 달러로 저점을 찍었다! 비금융 부문의 미국 내 이윤도 곤두박질쳤는데, 2006년 3사분기에 9880억 달러로 고점을 찍었고 그 뒤 36퍼센트 줄어 2009년 1사분기에 6290억 달러가 됐다. 어떤 식으로 측정하든, 이윤율 그리고/또는 이윤량은 금융 위기가 시작되기 꽤나 전부터 떨어졌다.[11] 그러므로 "과도한 신용", 주식시장 투기, 온갖 형태의 새롭고 낯선 가공자본의 확장은 경제의 생산적 부문에서 수익성이 떨어지는 것에 대한 대응이었다. 이것은 위기를 늦췄을 뿐, 결국에는 더 깊고 긴 위기가 닥쳤다.

어떤 사람들은 이 위기를 자본주의의 새로운 발전이 낳은 산물로 본다. 즉, 금융자본의 세계화와 금융자본의 자본주의 경제 지배가 낳은 결과라는 것이다. 그들은 이제 위기가 금융 부문에서 자체적으로 [실물 부문과 상관없이] 일어날 수 있고 그 결과로 경기후퇴가 일어날 수 있다고 주장한다. 또 마르크스가 말한 이윤율 [저하 경향의] 법칙은 더는 현실에 맞지 않는다고 주장한다. 그러나 금융 세계화는 전혀 새로운 현상이 아니다. 1875년에도 은행가인 카를 폰 로스차일드는 "전 세계가 하나의 도시처럼 돼서" 당시 은행들이 몰락했다고 말했다. 주식시장·신용과 '실물'경제의 상호 의존은 새로운 현상이 아니다.[12]

미국의 국내총소득GDI에서 금융과 보험이 차지하는 몫은 급격히 늘어난 것이 사실이다. 1947년 2.3퍼센트에서 2006년 7.9퍼센트가 됐다. 그러나 금융 부문은 지난 60년 동안 2008년의 위기만큼 큰 위기를 겪지 않고 확장돼 왔는데, 금융 부문의 성장을 대침체의 원인이라고 할 수 있을까?

대침체 이후 장기 불황

대침체 속에서 2009년에 경제가 저점을 친 이후, 주요 자본주의 경제는 과거 불황에 견줘 가장 느리게 회복하고 있다. 경제성장률이 2009년 중반 대침체의 저점에서 불황 이전 수준으로 회복하는 데 걸린 시간은 제2차세계대전 이후 일어난 그 어떤 경기후퇴 때보다도 3배가량 길다. 적어도 미국에서는 그렇다. 무엇보다, 경제성장률은 아직도 위기 이전 수준을 회복하지 못했다(표 1-1 참조). 경제성장률의 회복 곡선은 보통 나타나는 V형이나 1990년대 일본에서 나타난 L형이 아니라 [거꾸로 된] 루트형에 가깝다.[13]

표 1-1. 미국 경제가 경기후퇴에서 회복하는 데 걸린 시간

고점	저점	회복 시점	회복에 걸린 시간(분기)
1948년 4사분기	1949년 4사분기	1950년 4사분기	4
1953년 3사분기	1954년 2사분기	1955년 3사분기	5
1957년 3사분기	1958년 2사분기	1959년 2사분기	4
1960년 2사분기	1961년 1사분기	1962년 1사분기	4
1969년 4사분기	1970년 4사분기	1971년 3사분기	3
1973년 4사분기	1975년 1사분기	1976년 3사분기	6
1980년 1사분기	1980년 3사분기	-	-
1981년 3사분기	1982년 4사분기	1984년 1사분기	5
1990년 3사분기	1991년 1사분기	1992년 3사분기	6
2001년 1사분기	2001년 4사분기	-	-
2007년 4사분기	2009년 2사분기	진행 중	16 이상

출처: Fatas and Mihov, 2013(전미경제연구소NBER 자료를 사용)

표 1-2. 미국에서 경기후퇴기와 회복기에 발생한 손실

(연간 GDP가 고점일 때를 기준으로 한 퍼센트)

	경기후퇴기	회복기	전체
1948년 4사분기	4.29	2.56	6.84
1953년 3사분기	4.07	3.16	7.23
1957년 3사분기	3.3	2.6	5.9
1960년 2사분기	2.12	1.46	3.58
1969년 4사분기	1.07	1	2.08
1973년 4사분기	4.75	4.48	9.23
1980년 1사분기	2.05	2.73*	4.78*
1981년 3사분기	8.65	3.07	11.72
1990년 3사분기	1.27	2.89	4.15
2001년 1사분기	-		-
2007년 4사분기	5.54	16.57	22.10

* 1980년의 회복은 끝나지 않았기 때문에[GDP 성장률이 아직도 위기 이전 수준으로 회복하지 못했기 때문에], 그 손실을 다른 경기후퇴와 비교할 수 없다.

출처: Fatas and Mihov, 2013

또한, 2008년부터 지금까지 경제성장률이 유지됐을 때 예상되는 GDP와 현실의 GDP가 얼마나 차이가 나는지 측정함으로써 미국 경제가 얼마만큼 GDP 손실을 입었는지를 알 수 있다. [이렇게 계산하면] 대침체와 뒤이은 느린 회복기에 미국 GDP의 22퍼센트 이상이 영원히 사라졌고, [그 손실은] 지금도 늘고 있다. 이는 그전까지 가장 손실이 컸던 1980~1982년의 더블딥 경기후퇴 때보다 더 큰 손실이다(표 1-2 참조).

대체로, 불황이나 경기후퇴 때는 중국에 가서 생산비가 낮아지고

그림 1-32. 미국과 유로존의 자본 가동률

출처: Datastream

자본 가치가 하락해 [불황에서] 살아남은 기업들의 수익성이 올라간다. 이것이 자본주의 체제에서 불황의 '목적'이다. 실업 때문에 노동비용이 줄고, 파산과 인수·합병으로 자본비용이 준다. 그러면 기업들은 서서히 생산을 다시 늘리기 시작해, 결국에는 신규 자본을 투자하고 마르크스가 "산업예비군"이라고 부른 실업자를 다시 고용하기 시작한다. 그러면 투자재 수요가 늘고 마침내는 노동자들이 소비재를 더 많이 구매하면서 경제가 회복되기 시작한다.

그러나 이번에는 상황이 다르다. 제조업과 건설업 부문에 유휴설비가 많고 기업·정부·가계 부채가 여전히 많아서 회복을 저해하고 있다. 제조업에서 유휴설비 비율은 과거의 경기후퇴 이후 시기들보다 여전히 훨씬 더 높다(그림 1-32 참조). 뒤에서 더 자세히 살펴보겠지만, [자본가들이] 새로 투자를 하려면 그 전에 수익성이 어떤 식으로든 올라야 한다.

2010년의 상당한 회복 후 주요 자본주의 경제는 성장 속도가 2퍼센트 이하로 느려졌다. 미국 경제는 [2013년] 현재 전년 대비 1.4퍼센

그림 1-33. 세계 1인당 GDP의 연간 성장률

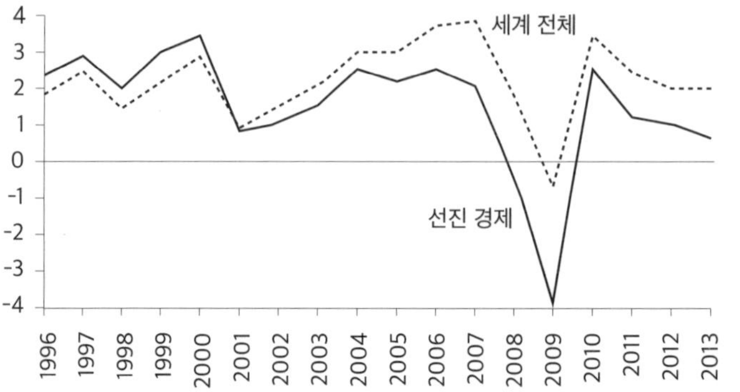

출처: IMF

트 성장하고 있고, 유로존은 마이너스 성장을 기록 중이며, 영국의 성장률은 겨우 0퍼센트를 넘기고 있다. 심지어 2012년에는 이른바 신흥 자본주의 경제들조차 성장 속도가 느려졌다. 물가 변동을 감안하면 세계경제는 해마다 3퍼센트 정도밖에 성장하지 못한다. 인구 증가를 감안하면 세계적으로 1인당 GDP 성장률은 2퍼센트 이하다(그림 1-33 참조).

최근 몇 달 동안 전 세계 주식시장은 사상 최고치로 나아가고 있다. 이것은 주요 자본주의 경제들이 마침내 고용이 창출되는 지속적 성장기로 접어들었음을 뜻하는가? 그렇지 않다.

미국 자본주의는 2009년 중반 대침체의 저점 이후 [유럽·일본 등에 견줘] 가장 양호한 모습을 보이고 있다. 그러나 미국에서조차 실질 GDP 성장률은 형편없는 수준이다. 2013년 상반기 실질 GDP 성장률은 전년 대비 고작 1.4퍼센트였던 반면, 실업률은 여전히 7.8퍼센트로 불황 이전 수준보다 꽤 높다. 가장 두드러진 사실은 미국에서

그림 1-34. 미국의 경제활동 참가율

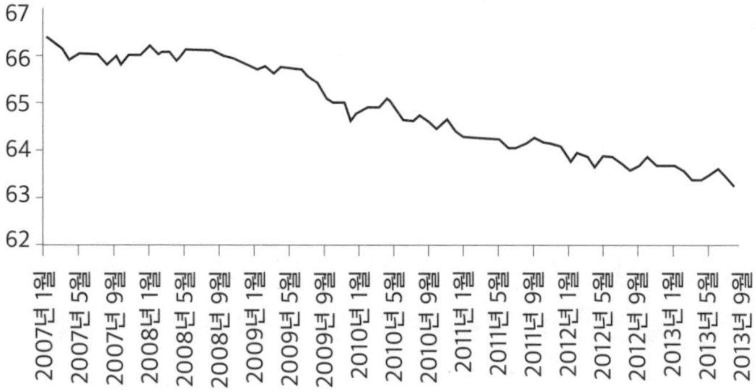

출처: US Bureau of Labor Statistics

생산연령인구 대비 경제활동인구가 줄고 있다는 것이다(그림 1-34 참조). 대침체와 그 이후에 "산업예비군"이 급격히 늘어났고 다시 줄어들 기미는 보이지 않는다.

영국 경제는 2013년 2사분기에 소폭 성장했지만, 이전 몇 사분기 동안 지지부진한 이후에야 그럴 수 있었다. 2013년 영국의 실질 GDP 성장률은 1퍼센트가량에 그칠 전망이다. 유로존은 2013년 2사분기에 마침내 경기후퇴에서 벗어났지만, 1년 전과 비교하면 실질 GDP가 여전히 0.7퍼센트가량 낮다. 그리고 이런 확장조차 유럽의 이른바 핵심부 경제, 그것도 주로 독일에 집중돼 있다. 주변부인 남유럽 경제에서는 명백한 불황이 계속되고 있다. 이탈리아는 2퍼센트, 스페인은 1.5퍼센트, 포르투갈은 2.3퍼센트, 그리고 가장 심각한 그리스는 5퍼센트만큼 경제가 수축했다. 긴축정책이 "성공"한 전형적 사례라는 아일랜드에서조차 경제는 짧은 회복 이후에 별로 성장하지 못하고 있다.[14]

긴축과 유로존

그럼에도 여전히 긴축이 공식 메시지다.[15] 왜 그런가? 소비를 독려해 수요를 촉진하는, 이름하여 전통적 케인스주의라는 "옛 모델이 더는 작동하지 않"기 때문이다.[16] 긴축이 노리는 것은 단지 공공 부채와 정부 지출 그 자체를 줄이는 것만이 아니다. 자본의 수익성을 회복시키려는 것이다. 유럽중앙은행ECB 총재 마리오 드라기는 이렇게 말했다. "바로 그래서 구조 개혁이 그토록 중요한 것이다. 이런 개혁이 있어야 [경제가] 단기적으로는 수축한 뒤 장기적으로는 지속 가능하게 성장할 것이기 때문이다." 바로 그 때문에 유로존 지배자들이 몇몇 정부의 긴축 속도를 늦추면서 "공급 중시 개혁"을 가속화한다는 조건을 걸었던 것이다. "공급 중시 개혁"이란* 일자리 안정성, 임금수준, 연금을 삭감하고 '보호' 산업을 축소하고 민영화를 확대하는 것이다. 자본 부문을 복원하기 위한 더 많은 신자유주의 정책, 바로 이것이 긴축이 진정으로 노리는 것이다.

그런데 긴축이 이 목표를 달성하고 있는가? 최근 JP모건의 경제학자들은 [긴축의] 진전을 가늠할 몇 가지 기준을 마련했다. 공공·민간 부문의 부채를 얼마나 줄였는지, 취약 국가들이 무역에서 가격 경쟁력을 높였는지, 노동자 고용과 해고를 더 쉽게 만들었는지, '시장'을 개방했는지, 민영화를 진척시켰는지, (놀랍게도) 여러 나라에서 신

---

* 공급 중시 개혁 생산(공급) 비용을 낮추는 것을 중시하는 것으로 소비(수요)를 늘리는 데 주력하는 케인스주의에 반대하며 등장했다.

자유주의 정책을 시행하는 데 장애물이 되는 민주적·헌법적 요인을 줄였는지가 그 기준이다. JP모건은 이런 신자유주의적 회복 프로그램이 유로존에서 절반밖에 진척되지 못했다고 결론지었다.[17] 재정 긴축 목표에서 이탈리아는 75퍼센트, 스페인은 겨우 38퍼센트, 그리스는 97퍼센트, 아일랜드는 고작 26퍼센트, 포르투갈은 55퍼센트를 달성했다고 봤다.

의미심장하게도, 임금 삭감과 노동비용 감축은 다른 항목보다 더 진척돼, 아일랜드와 포르투갈은 [목표를] 달성했고, 그리스는 조금 더 해야 하고(이미 생활수준이 30퍼센트나 하락했는데도 말이다!), 스페인은 아직 25퍼센트를 더 해야 한다고 했다.

그러나 공공 부문 축소, 국유 자산 매각, 노동권 개악과 연금 삭감, 법인세 인하 등 '구조 개혁' 측면에서는 진전이 훨씬 더뎠다고 봤다. [취약 국가인] 이탈리아·그리스·스페인·포르투갈은 네덜란드나 아일랜드에 견줘 자본의 자유를 허용할 태세가 여전히 한참 부족해 보인다는 것이다.

유로존 프로젝트는 어떤 면에서는 특이하다. 유로존 프로젝트는 여러 유럽 자본주의 국가를 통합하고자 고안됐지만, 단일 정부, 단일 예산 체계, 단일 세법, 단일 금융 시스템을 갖춘 온전한 연방 국가를 설립할 계획은 없다. 경제 위기가 오기 전까지 이 프로젝트는 한동안 잘 작동하는 듯했다. 호황기에조차 구심력보다는 원심력이 더 강했지만 말이다.

장기 불황 시기에 유로존 지배자들의 이 어정쩡한 계획이 살아남을 수 있을까? [우파 포퓰리스트 정당] 영국독립당UKIP이나 [프랑스 파

시스트 정당] 국민전선FN의* 국수주의적 [유럽 통합] 회의론자들이 뭐라 불평하든지 간에, 유로존 프로젝트는 유럽 국가들의 연방 국가를 지향하지 않는다. 자본주의하에서 "유럽합중국"은 [현실적] 의제가 아니다. 경제가 다시 성장하면, 어정쩡한 현 상태로 그럭저럭 굴러갈 수는 있을 것이다. 그러나 경제성장은 투자에 달려 있다. 그리고 투자는 유로존 내 허약한 경제에서만 폭락한 것이 아니다. 2007년 이래 유로존 17개 나라 중 투자가 늘어난 곳은 룩셈부르크 하나뿐이다.

대외 경쟁력은 부차적 사안이다. 2007년에 견줘 2012년에 GDP가 성장한 7개국 중에서 3개국에서만 무역수지 흑자가 GDP 성장의 중요한 요인이었다. GDP가 줄어든 10개국 중 7개국은 무역수지가 상당한 흑자를 기록했지만 투자 감소를 상쇄하기에는 충분치 못한 경우였다. 다시 말해, 유럽 자본주의 국가 중 허약한 곳의 문제는 대외 경쟁력이 아니라 투자에 있다. 아주 전형적인 자본주의 경제 위기인 것이다.

수익성과 부채

전반적으로 세계 GDP는 아무리 좋게 봐도 여전히 미약하게 성장하고 있고, 평균 실질성장률은 위기 이전보다 크게 낮은 수준을 유지하고 있다(그림 1-35 참조).

---

* 2018년에 당명을 국민연합(RN)으로 바꿨다.

그림 1-35. 세계 제조업 구매관리자지수(PMI)와 세계 GDP

※ 세계 GDP는 구매력 평가(PPP) 환율을 기준으로 한 것으로 마지막 수치는 2013년 1사분기의 것.
※ PMI의 마지막 수치는 2013년 7월의 것.

출처: JPMorgan

이런 식의 허약한 '[거꾸로 된] 루트형' 회복, 즉 장기 불황은 2가지 요인이 결합된 결과다. 하나는 주요 나라에서 수익성이 위기 이전 수준으로 회복하지 못한 것이다(수익성이 더 높았던 1990년대 중엽과 비교해서는 말할 것도 없다). 또 하나는 과도한 부채가 투자와 이윤을 무겁게 누르고 있는 것이다. 이 부채가 해결돼야 수익성과 투자의 지속적 회복이 가능하다.

최근 JP모건 경제학자들이 세계 기업 수익성에 관한 연구를 발표했다.[18] 그들은 2년 동안 유럽과 신흥 경제에서 자신들이 "이윤 폭"이라 부르는 지표가 하락했다고 결론 내렸다. 또한 그들의 잣대에 따르면 미국의 수익성이 6분기 동안 정체했다. JP모건이 말하는 수익성은 마르크스주의적 의미의 이윤율도 아니고 [투자된] 자본에 대한

그림 1-36. 세계 이윤 폭 (단위: 퍼센트)

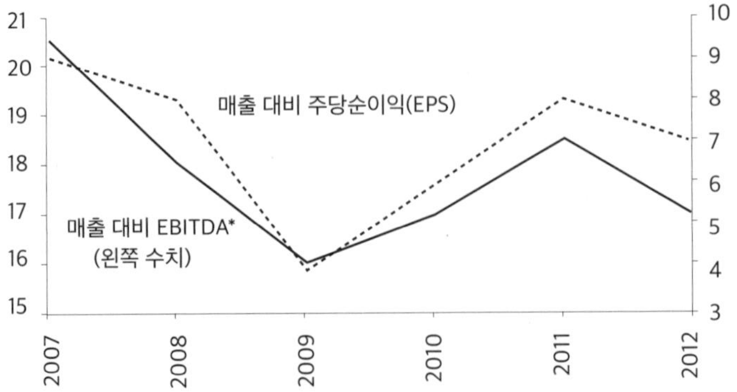

* EBITDA 이자·세금·감가상각비 등을 빼기 전 순이익을 뜻하는 말.

출처: JPMorgan

이윤의 비율을 측정한 것도 아니다.* 그럼에도 JP모건의 연구 결과는 세계적 수준에서 기업들의 수익성이 대침체 전에는 거의 9퍼센트였다가 2009년에는 최저치인 4퍼센트로 떨어졌고 2011년 8퍼센트로 회복됐음을 보여 준다. 그런데 2012년에 다시 7퍼센트로 하락했는데, 이는 2008년 2월의 대침체 전 최고치보다 13퍼센트 낮은 수치다. 이처럼 세계적으로 수익성이 하락한 것은 유럽에서 수익성이 하락하고 신흥 경제들에서도 크게 하락했기 때문이다(그림 1-36 참조).

마찬가지로, 유럽연합EU의 '연간 거시 경제 데이터베이스AMECO'와 미국 자료를 이용해 2005년부터 계산해도 수익성이 회복되지 못했다는 것을 확인할 수 있다(그림 1-37 참조).[19]

* JP모건 경제학자들은 매출 대비 이익을 측정했다.

그림 1-37. 자본 순 수익률 (2005년 수치 = 100)

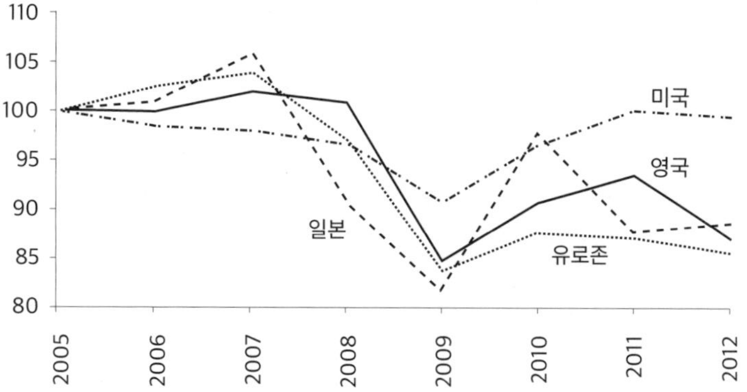

출처: Roberts, 2013a

유럽연합 집행위원회도 유럽의 기업 수익성과 투자에 대해 논평했다. 유럽연합 집행위원회가 낸 보고서 《동계 경제 전망》은 GDP 대비 비주거용 투자(가계가 주택을 사는 것을 제외한 투자)가 "1990년대 중반 이래 가장 낮은 수준"이라고 지적했다. 그 핵심 이유는 "수익성 하락"이라고 했다. 이 보고서는 핵심적으로 "기업 이윤 지표는 투자 증가와 상관관계가 높다"고 밝혔다. 돈을 빌릴 필요가 없거나 현금이 많은 기업만이 투자할 여력이 있는데, 그런 기업조차 투자하기를 꺼린다는 것이다. 유럽연합 집행위원회는 유럽의 수익성이 "여전히 위기 이전 수준보다 낮다"고 했다.[20]

물론 미국의 총이윤량이 위기 이전의 고점보다 높은 수준에 도달한 것은 사실이다. 그러나 이윤율은 그렇지 못하다. 다른 선진 자본주의 경제들은 이윤량조차 위기 이전 수준에 도달하지 못했다. 이런 침체를 설명하기 위해 불확실하고 "예측할 수 없는 부정적 외부 충격"이나 "시장에서 노동과 자본의 가격이 정해지는 데 대한 정부 간

섭" 따위를 찾을 필요는 없다. 그저 이윤이 충분치 않아 자본가들이 이전만큼 투자하지 않는 것이다.

유럽연합 집행위원회는 "위기 이후 투자 변화와 위기 이전 누적 부채 사이에 강한 역비례 관계가 나타났는데, 이는 부채를 줄여야 한다(디레버리지)는 압박이 투자 부진의 중요한 요인임을 암시한다"고 했다. 또한 유로존 기업들이 GDP의 12퍼센트에 맞먹는 양만큼 부채를 더 줄여야 하고, 이를 향후 5년에 걸쳐 이행할 경우 기업 투자 감소분의 누적 규모가 GDP의 1.6퍼센트에 이를 것이라고 봤다. 오늘날 비주거용 투자가 GDP 대비 12퍼센트로 낮은 수준임을 감안하면, 이런 투자 감소는 꽤 큰 타격이다.

이런 연구 결과들은 오늘날 자본주의의 상태가 1873년부터 1890년대(적어도 1880년대 중후반)까지 영국과 미국이 겪은 장기 불황(당시에는 대불황이라고 불렸다) 시기와 비슷하다는 주장을 뒷받침한다. 1929년부터 제2차세계대전 전까지 이어진 1930년대 대불황과도 비슷하다. 두 경우 모두, 중간에 몇몇 회복기가 있었고 그중 일부는 매우 빠른 회복을 보였지만, 성장은 지속적이지 못했고 이윤율이 충분히 회복되기 전까지 더 빈번하고 심각한 불황들을 겪었다.[21] [19세기 말 장기 불황 때는] 1890년대부터 영국과 특히 미국에서 지속적 성장기가 찾아왔고 이 성장기는 1910년까지 이어졌다. [1930년대 대불황 때는] 제2차세계대전 이후 다시 지속적 성장기가 도래했고 1946~1965년의 '황금기'를 맞이했다. 그러나 오늘날 그런 새로운 '호황'기가 찾아오는 것은 아직 요원한 듯하다.

무엇보다, 주요 경제들에서 축적된 자본의 수익성은 장기적으로

그림 1-38. 세계 이윤율 (1963년 수치 = 100)

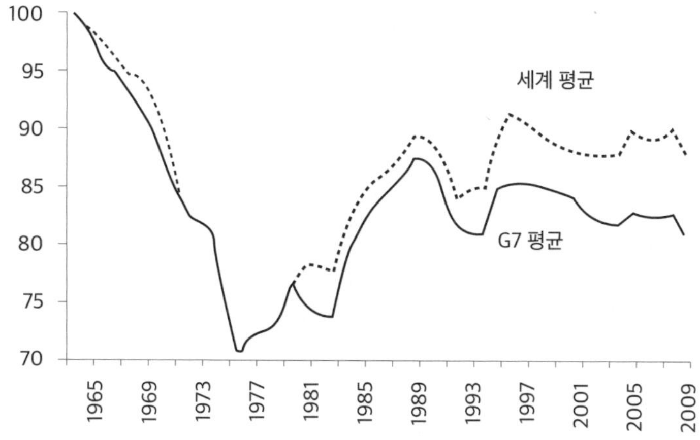

출처: Roberts, 2012

하락 추세를 보이며 2008~2009년 대침체 이전 수준을 회복하지 못했다. 전 세계(G7에 BRICS를* 합한 것) 평균[이윤율]은 1980년대 초 이후에는 상승했고 1990년대 중반 이후에는 그럭저럭 유지됐지만, G7은 이윤율이 다시 줄었다(그림 1-38 참조).[22]

친자본 전략가와 케인스주의 경제학자 일부는 미국과 유럽 기업들이 현금을 막대하게 쌓아 두는 것을 보고 어리둥절해한다. 이윤이 올랐고 현금이 많은데 기업 투자가 왜 그토록 초라할까?[23] 왜냐하면 대기업들의 현금 유동성과 이윤은 커졌을지 몰라도, 영국과 유럽 등 많은 자본주의 경제에서 이윤율은 회복되지 못했기 때문이다. 영국 상황만 봐도 알 수 있다. 기업들의 이윤율은 여전히 위기 이전

* BRICS 브라질·러시아·인도·중국·남아프리카공화국 등 신흥 경제 5개국.

그림 1-39. 영국의 이윤율과 기업 투자

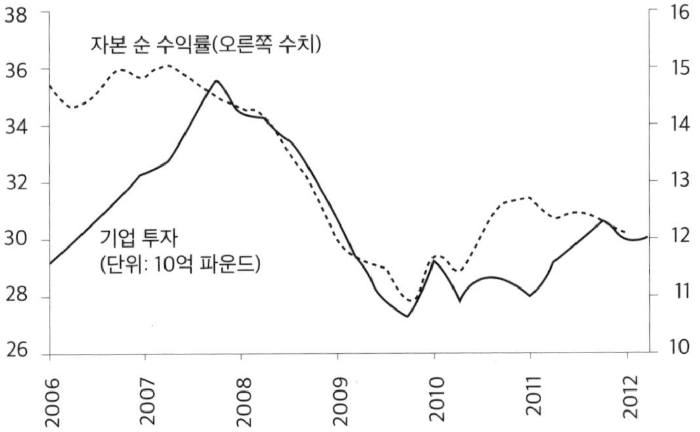

출처: ONS, 2013, Profitability of UK companies

보다 뚜렷이 낮고 그 결과로 기업 투자도 낮다(그림 1-39 참조).

거대 다국적기업들도 자국보다 신흥 경제들에 투자하는 것을 더 좋아했다. 그리고 양적 완화로 풀린 돈 덕에 주가가 오르자 현금이 많은 기업들은 투자를 하는 것이 아니라 자사 주식을 사들이거나 배당금을 늘렸다. 그 덕에 경영진은 보너스를 더 많이 챙길 수 있었다! 작은 기업들은 현재 조건으로는 돈을 빌릴 수가 없어서 투자를 할 수 없고, 많은 수가 이자만 간신히 갚는 좀비 기업이다. 이 기업들은 새로운 장비와 노동력 절감 기술에 투자하는 것이 아니라 노동력만 붙잡아 두고 있다. 전반적으로 기업 부채 수준이 여전히 너무 높아서 신규 투자가 이뤄지지 않는다. 그 대신 빚을 갚거나 그냥 현금을 쥐고 있는 것이 더 안전한 것이다.

이윤이 오르는데도 생산 설비 투자가 정체하는 수수께끼는 이

'회복'이 진짜 회복이 아님을 보여 준다. '회복'은 중앙은행이 푸는 돈에 의존하고 있는데 그 돈은 실물경제가 아니라 금융 부문으로 향한다. 진짜로 현금이 많은 기업들은 실제로는 은행·금융기관·다국적기업이지, 투자를 하고 노동자를 채용하는 비금융 기업이 아니다. 케인스주의자들의 예상과 달리, 중앙은행의 양적 완화 정책(돈을 "찍어 내서" 국채와 회사채를 사들이는 정책)은 지속적 경제 회복을 가져다주지 못하고 있다. 이 때문에 친자본 전략가들은 양적 완화를 '구조 개혁'과 결합하려 하고 있다. 다시 말해, 케인스주의 통화정책과 함께, 부채를 줄이고 복지국가를 축소하고 조직 노동계급의 힘을 약화시키는 신자유주의 조처를 취해 착취율을 높이고 수익성을 회복하려 한다. 미국 연준이 2013년 8월 와이오밍주 잭슨홀에서 주최한 연례 하계 심포지엄에서 IMF 총재 크리스틴 라가르드가 연설하면서 밝힌 것이 바로 이 내용이다.[24]

불황의 둘째 이유가 여기에서 나온다. 커다란 불황을 겪은 뒤에 여전히 제대로 회복이 되지 않는 것은, 1980년대 초 이후 이른바 신자유주의 시기와 특히 2002년부터 자산·신용 거품이 만들어질 때 생겨난 과도한 부채가 경제에 무거운 짐으로 작용하기 때문이다(그림 1-40 참조). 대침체와 은행 부도와 구제금융에도 불구하고 세계경제의 부채 수준은 그리 크게 줄지 않았다. 여전히 줄여야 할 부채가 많이 남아 있다.

단적으로, 선진국 경제에서 비금융 부문의 부채비율은 계속 오르고 있다.[25] 미국·유럽·일본('G3')에서 비금융 부문의 부채는 GDP 대비 285퍼센트인데 이는 대침체가 시작될 당시인 275퍼센트보다

그림 1-40. 금융 이윤과 총부채 (GDP 대비 퍼센트)

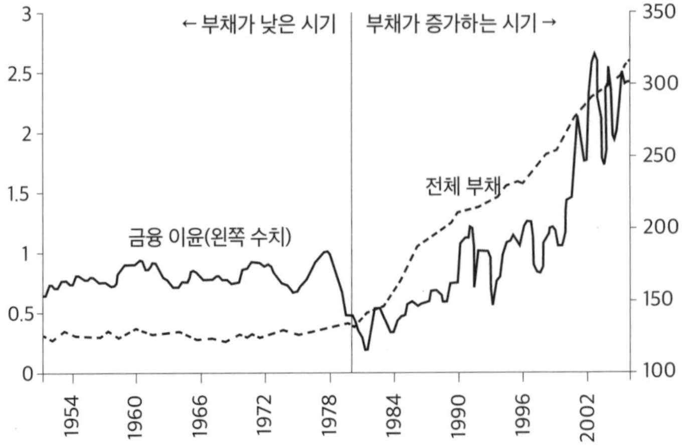

출처: Morgan Stanley, 2013

그림 1-41. 일본·미국·유럽의 GDP 대비 비금융 부문 부채 (단위: 퍼센트)

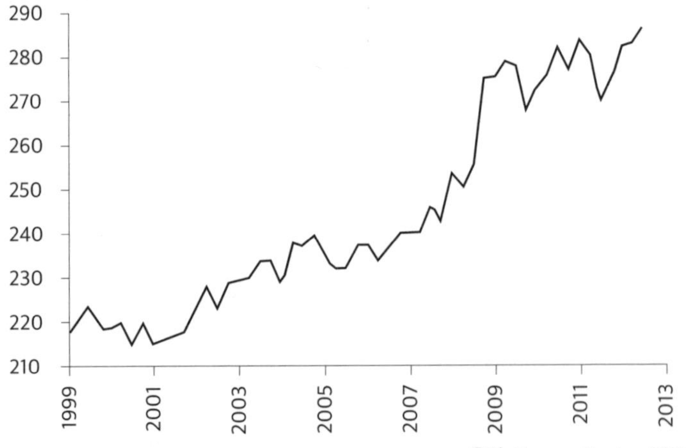

출처: Morgan Stanley, 2013

그림 1-42. 민간 부문의 GDP 대비 신용 비율: 미국과 (미국을 제외한) G7·
(2006년 수치 = 100)

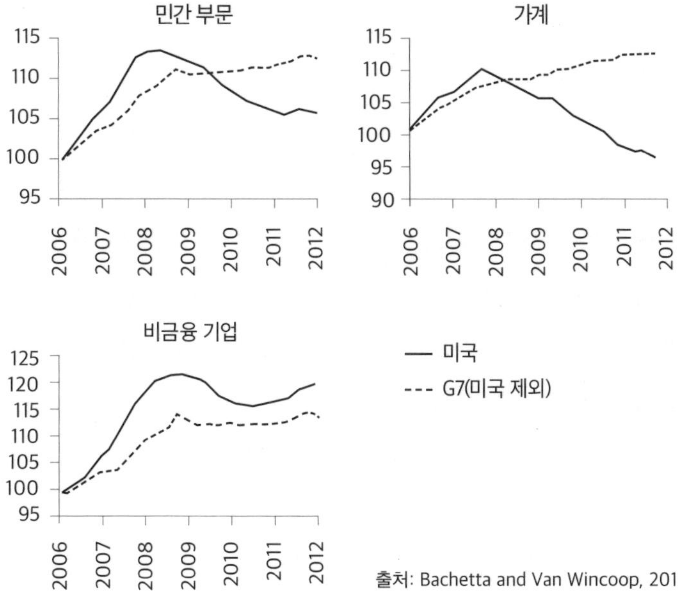

출처: Bachetta and Van Wincoop, 2013

높은 것이다(그림 1-41 참조).

GDP 대비 기업 부채비율은 약간 떨어졌고 미국 등 일부 나라에서는 가계 부채비율도 그랬다. 금융 부문 부채도 가장 높았을 때에 견줘 20퍼센트 낮아졌다. 그러나 G3의 모든 부채(비금융과 금융)를 합치면 부채비율은 GDP 대비 409퍼센트에서 2011년 9월 379퍼센트로 낮아졌다가 2013년 다시 400퍼센트로 올랐다. 부채가 별로 줄지 않은 것이다.

미국은 부채가 조금이라도 줄어든 유일한 나라다(그림 1-42 참조). 가계 부문에서 담보대출 채무불이행이 많았던 영향이 크다. 미

국을 제외한 나라에서는 신용이 뚜렷이 줄지 않았고 미국에서만 서서히 줄었다.[26]

또 다른 불황?

자본주의 경제에서 너무 많은 부채와 너무 많은 비효율적 '좀비' 기업을 '청산'하려면 새로운 불황이 필요하다. 런던의 우파 금융 일간지 〈시티AM〉은 영국 경제의 문제점을 다음과 같이 묘사했다. "제로에 가까운 금리에 중독된 좀비 기업 군단이 생산성을 떨어뜨리고 슘페터가 말한 창조적 파괴와 자본·노동 재배치를 가로막고 있다." 영국에서 상당수 중소기업은 고용을 유지하고 이자는 갚을 수 있지만 원금을 갚거나 투자할 만큼은 안 되는 정도로만 수익을 내는 좀비 상태다.[27] 영세기업의 생산성은 급락했다(그림 1-43 참조).

한 분석가는 조만간 중앙은행이 금리를 올려 그동안 "창조적 파괴 과정을 지연시킨 … 값싼 신용"이라는 것을 자본가들한테서 떼려고 하면 "좀비 기업들은 질병의 증상을 드러내며 다른 기업들을 감염시킬 것이다. 그때가 경기후퇴가 닥치는 때다" 하고 내다봤다.[28]

이처럼 오늘날 세계적 저성장은 부채가 [대침체 이후에도] 여전히 높은 수준을 유지하면서 잠재적 수익 대비 자본 조달 비용에 부담을 주고, 결국 성장까지 어렵게 만드는 상황의 반영이기도 하다. 불황은 아직 제구실(회계상이든 실질적이든 자산 가치를 떨어뜨리는 것)을 하지 못했다. 그리고 금리가 오르기 시작하면, 그 결과로 기업과 정부가 이자로 지불해야 할 비용이 감당하지 못할 수준으로 올라 언

그림 1-43. 영국의 기업 규모별 생산성 (2007년 수치 = 100)

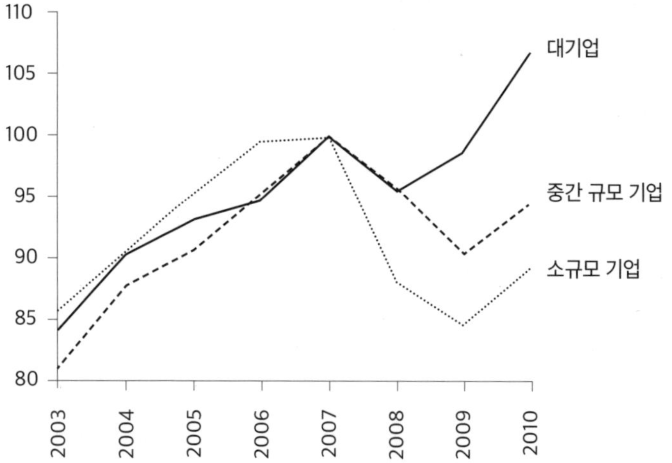

출처: Bank of England

그림 1-44. 세계 GDP 대비 유동성 (단위: 퍼센트)

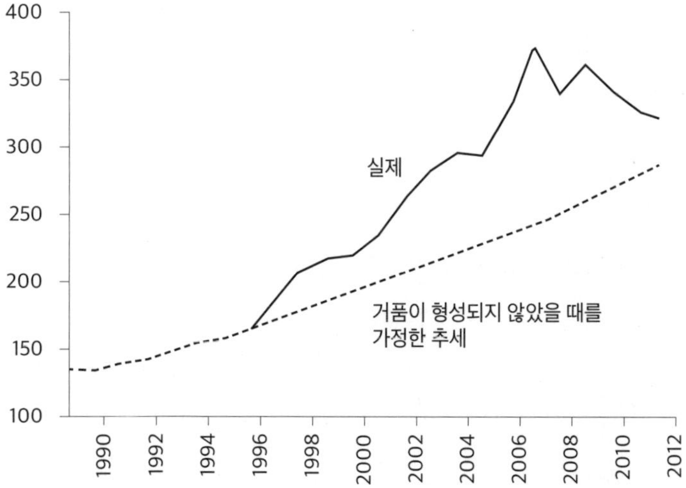

출처: Roche and McKee, 2009

제든 불황이 새로 촉발될 수 있다.

부채를 얼마나 더 많이 줄여야 할까? 전 세계 GDP 대비 유동성은 1990년대 중반에 신용 거품이 생긴 이래 늘기 시작했다.[29] 그 많은 가공자본을 청산하는 과정이 신용 경색과 대침체 이후 느리게 진행 중이다. 전 세계 GDP 대비 유동성은 신용 거품이 생기기 이전 추세보다 여전히 11퍼센트가량 높다(그림 1-44 참조). 2013년 현재 줄어드는 속도로는 빨라도 2015년에야 과도한 가공자본이 모두 청산될 텐데, 그것도 생산 영역에서 새로운 세계적 불황이 찾아와야만 그럴 수 있을 것이다.

세계 최대 채권 관리 업체 PIMCO는 투자자들에게 보내는 월례 보고서에서 다음과 같이 말했다.

> 통계적으로 봤을 때 세계경제는 약 6년에 한 번씩 경기후퇴를 맞이한다. 세계적으로 부채가 많고 감소세일 때, 그 반대(즉, 부채가 적고 증가세)일 때보다 더 자주 경기후퇴가 찾아온다. 지난번 세계적 경기후퇴가 4년 전이었고 또 세계적으로 부채가 4년 전보다 더 많아진 것을 고려할 때, 향후 3~5년 사이에 또 한 번 세계적 경기후퇴가 찾아올 확률이 60퍼센트 이상이라고 본다.[30]

후주

1 Roberts, 2009와 Bacchetta and Van Wincoop, 2013을 참조.

2 Barofsky, 2012를 참조.

3 노던록은 잉글랜드 북동부에 본사를 둔 소규모 담보대출 기업이었다. 주식을 상장한 뒤 노던록은 담보대출에 공세적으로 나섰다. 거기에 필요한 자금은 은행 간 대출 시장에 의존했다. 신용 경색이 닥치자 노던록은 은행 간 대출 시장에서 쫓겨났고 큰 위기에 빠졌다. 노던록이 파산 위기에 빠진 것은 미국 금융기관들의 담보대출 자산을 대거 구입했기 때문이 아니라, 부동산 호황에 뛰어들기 위해 돈을 빌렸기 때문이다. 영국 납세자들은 예금 인출 사태를 막으려면 노던록을 인수할 수밖에 없었다. 노던록에 관한 얘기는 Roberts, 2009, ch 27을 참조.

4 연금은 실제로는 미래에 지급되는 임금이다. 왜냐하면 국가가 세전 임금에서 사회보장 기여금을 공제해 가기 때문이다. 따라서 국가 연금 등 각종 연금을 삭감하는 것은 대침체의 책임을 노동자들에게 떠넘기는 조처다.

5 케인스주의자와 포스트케인스주의자의 자본주의 위기 분석에 대한 비평으로는 Roberts, 2010을 참조.

6 마르크스의 법칙에 대한 더 자세한 설명과 방어는 Carchedi and Roberts, 2013b(근간)를 참조.

7 Roberts, 2011과 2012, Carchedi and Roberts, 2013a를 참조.

8 Carchedi, 2011을 참조. "기본적 논지는 금융 위기가 경제의 생산적 기반이 수축돼 발생한다는 것이다. 어느 지점에 이르러 금융 부문과 투기적 부문에서 갑작스럽고 커다란 디플레이션이 일어난다. 비록 위기가 이 부문들에서 생겨난 것처럼 보이지만, 궁극적 원인은 생산적 영역에 있고 이 영역에서 필연적으로 나타나는

이윤율 하락에 있다."

9 "기존 자본의 주기적 가치 감소(이것은 이윤율 하락을 저지하고, 새로운 자본을 형성해서 자본 가치 축적을 촉진하는, 자본주의 생산에 내재하는 수단이다)는 자본의 유통 과정과 재생산과정이 진행되는 기존 조건을 방해하고, 따라서 생산과정의 갑작스러운 중단과 위기를 수반한다"(Marx, 1981, p 358).

10 예를 들어 Duménil and Lévy, 2011.

11 수익성이 위기의 원인이라는 증거를 더 보려면 Tapia Granados, 2012; Izqiuerdo, 2010; Carchedi and Roberts, 2013a; Carchedi(미출간)를 참조.

12 금융화 이론에 대한 비판으로는 Mateo, 2011을 참조.

13 나는 Roberts, 2009에서 이런 "[거꾸로 된] 루트형" 회복을 예측했다. "생산량의 폭락은 끝났다. 이제는 상승세일 것이다. 그러나 대침체 이전의 경제성장률을 회복하는 데는 미치지 못할 것이다."

14 아일랜드와 발트해 연안국들의 이른바 "긴축 성공"담에 대해서는 Roberts, 2013b를 참조.

15 유럽중앙은행 총재 마리오 드라기는 다음 입장을 고수한다. "재정 건전화가 단기적으로는 경제 수축을 불러온다는 점을 부정하면 안 되지만, 다른 대안은 없다. 향후에는 이른바 '신뢰 채널'[통화정책이 투자자들의 시장 신뢰를 회복시켜 실물경제를 살린다는 것]를 통해 성장이 재개될 테지만, 그런 일이 금세 일어나지는 않을 것이다." 누가 보더라도 그런 일은 금세 일어나지 않을 것 같다!

16 프랑스 중앙은행 총재 크리스티앙 누아예는 드라기와 비슷한 소리를 했다. "신뢰 요정"이 나타나게 하려면 긴축이 필요하다는 것이다. "일정 수준을 넘으면 (우리나라[프랑스]는 이미 십중팔구 넘었는데) 공공 지출과 부채를 증대시키는 일체의 행위는 신뢰 [회복]에 극히 부정적인 효과를 미친다." 다시 말해, 자본가들이 경제 회복을 확신해야만 경제가 회복될 수 있는데, 그러려면 재정 적자와 부채를 줄여야 한다는 것이다. 누아예는 프랑스가 "과거의 일자리를 보존하는 데 지나치게 집착하는" 공공 정책을 벗어던져야 하며, 미래의 일자리를 창출하는 데 기여할 수 있는 "자유화"를 허용해야 한다고 덧붙였다.

17 JPMorgan, 2013b.

18 JPMorgan, 2013a.

19 Roberts, 2013a를 참조.

20 European Commission, 2013, pp 18~21.

21 19세기 말 영국 이윤율에 대해서는 Roberts, 2009, ch 13을 참조. 대불황 당시 미

국 이윤율에 대해서는 내 블로그를 참조. http://thenextrecession.wordpress.com/2012/08/06/the-great-depression-and-the-war

22 Roberts, 2012.

23 Robin Harding, "Corporate investment: a mysterious divergence", http://tinyurl.com/p4tvblv

24 "저는 다른 영역에서 충분한 대응이 수반되지 않으면 중앙은행들의 갖은 노력이 수포로 돌아갈까 우려합니다. 즉, 균형 잡히고 튼튼하고 모두를 위한 성장을 이루기 위해서는 힘들더라도 더 어려운 정책들을 도입해야만 합니다. … [비전통적 통화정책이 — 지은이] 개혁을 위한 공간을 열어 주고 있습니다. 우리는 그 기회를 현명하게 이용해야 합니다"(Lagarde, 25 August 2013).

25 투자은행 모건스탠리의 제라드 미네크 인용("만일 불가능한 일이라면 현실에서 벌어지지 않을 것이다"). 비금융 부문 부채는 정부·가계·기업의 모든 부채를 포함하고 금융 부문 부채는 제외한다.

26 Bacchetta and Van Wincoop, 2013.

27 영국 기업 10곳 중 1곳은 이자만 간신히 갚고 원금은 갚지 못하고 있다. "좀비 기업은 투자나 혁신을 할 수 없고, 가만히 앉아서 노동자와 고객만 서서히 잃고, 경제 전체에 짐이 된다"(자산 관리 기업 KKR).

28 http://angrybearblog.com/2013/08/zombie-companies-live.html

29 전 세계 유동성은 전 세계 은행 대출, 채무 증권, 파생상품을 합친 것으로 측정된다. Roche and Mckee, 2009를 참조.

30 http://www.pimco.com/EN/Insights/Pages/Secular-View-of-Assets-2013.aspx

참고 문헌

Bacchetta, Philippe, and Eric Van Wincoop, 2013, "Explaining the Global Great Recession" (27 June 2013), www.voxeu.org

Barofsky, Neil, 2012, *Bailout: An Inside Account of how Washington Abandoned Main Street while Rescuing Wall Street*, Free Press.

Carchedi, Guglielmo, 2010, *Behind the Crisis*, Brill.

Carchedi, Guglielmo, 2011, "Behind and Beyond the Crisis", *International Socialism* 132 (winter 2011), www.isj.org.uk/?id=761

Carchedi, Guglielmo, unpublished paper, "Marx's Law and the Crisis: An Empirical Study".

Carchedi, Guglielmo, and Michael Roberts, 2013a, "The long roots of the present crisis: Keynesians, Austerians and Marx's law", *World Review of Political Economy*, vol 4, no 1, pp 86~115.

Carchedi, Guglielmo, and Michael Roberts, 2013b, "A Critique of Michael Heinrich", *Monthly Review* (forthcoming).

Duménil, Gérard, and Dominique Lévy, 2011, "The Crisis of the 21st Century: General Interpretation, Recent Developments and Perspectives", www.jourdan.ens.fr/levy/dle2011h.htm

European Commission, 2013, "Winter 2013 Economic Forecast", http://ec.europa.eu/economy_finance/publications/european_economy/2013/pdf/ee1_en.pdf

Fatas, Antonio, and Ilian Mihov, 2013, "From recession to normalcy", *CEPR discussion paper*, DP9551, www.voxeu.org/article/recoveries-missing-thirdphase-business-cycle

Izquierdo, Sergio Cámara, 2010, "Short and Long Term Dynamics of the US Rate of Profit in the Context of the Current Crisis", paper at the Congrès Marx International VI.

JPMorgan, 2013a, "Corporate Profitability" (February 2013).

JPMorgan, 2013b, "The Euro Area Adjustment, About Halfway There" (28 May 2013), http://tinyurl.com/ooawnxv

Marx, Karl, 1981, *Capital*, vol 3, Penguin, www.marxists.org/archive/marx/works/1894-c3/ch15.htm

Mateo, Juan, 2011, "The Financialization as a Theory of Crisis in a Historical Perspective: Nothing New Under the Sun", *Working Paper* Series Number 262 (July 2011), Political Economy Research Institute, University of Massachusetts, Amherst, http://tinyurl.com/phrveqc

Roberts, Michael, 2009, *The Great Recession: Profit Cycles, Economic Crisis — A Marxist View*, www.lulu.com

Roberts, Michael, 2010, "The Causes of the Great Recession: Mainstream and Heterodox Interpretations and the Cherry Pickers", paper at the Tenth Conference of the Association of Heterodox Economists.

Roberts, Michael, 2011, "Measuring the Rate of Profit, Profit Cycles and the Next Recession", paper to the Eleventh Conference of the Association of Heterodox Economists.

Roberts, Michael, 2012, "A World Rate of Profit", paper to the WAPE/AHE/IIPPE conference.

Roberts, Michael, 2013a, "The euro crisis is a crisis of capitalism", lecture to the Institute of labour Studies, Slovenia, http://tinyurl.com/pgvk37z

Roberts, Michael, 2013b, "What's Wrong with the Keynesian Answer to Austerity?", *Socialist Review* (April 2013)[국역: 이 책의 171쪽에 실린 "케인스주의: 긴축의 진정한 대안이 될 수 있을까?"].

Roberts, Michael, 2013c, "Deleveraging and Profitability again" (25 February 2013), http://gesd.free.fr/mr132.pdf

Roche, David, and Robert McKee, 2009, *New Monetarism*, www.lulu.com

Tapia Granados, José, 2012, "Does Investment Call the Tune? Empirical Evidence and Endogenous Theories of the Business Cycle", http://tinyurl.com/pohwwnv

2부

독점, 인공지능, 주식, 경기 부양

: 마르크스주의로 보기

독점:
불평등과 저성장의 원인일까?

2020년 7월 30일, 미국에 본사를 둔 세계적 기술 대기업들이 일제히 분기별 실적을 발표했다. 같은 날 미국 경제는 사상 최악의 GDP 역성장을 기록했다(전년 동기 대비 -9.5퍼센트, 연율 -32.9퍼센트). 반면에 [〈파이낸셜 타임스〉 칼럼니스트가] '공포의 4인방'이라고 부른 기업들, 즉 세계 최대의 검색엔진 알파벳(구글[의 모회사]), 세계 최대의 온라인 유통업체 아마존, 세계 최대의 컴퓨터·휴대전화 제조업체 애플, 세계 최대의 소셜 미디어 제공업체 페이스북은 [4월부터] 6월까지 석 달간 두 자릿수 매출액 증가율을 기록하며 2분기에만 총 339억 달러의 수익을 올렸다. 미국과 세계경제가 코로나19 팬데믹 봉쇄 조치로 1930년대 이래 가장 심각한 불황에 빠진 반면, 세계에서 가장 유명한 기술 기업들은 번창했다(그림 2-1 참조).

출처: "Taking on the 'fearsome foursome' and 'market power'", https://thenextrecession.wordpress.com (1 August 2020).

그림 2-1. 기술 대기업의 2019년과 2020년 상반기 매출액 비교 (단위: 10억 달러)

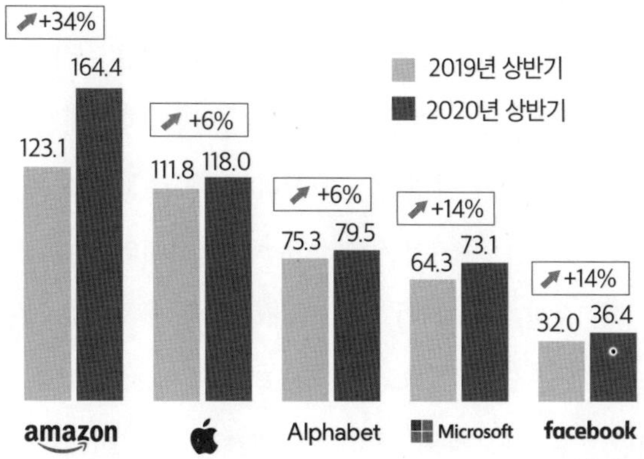

출처: Statista

기술 기업들은 전반적으로 매출이 증가했고, '공포의 4인방'의 시가총액은 [분기별 실적 발표] 다음 날에만 1780억 달러 상승해 미국 GDP의 25퍼센트인 5조 달러에 달했다. 아마존의 최고 경영자 제프 베이조스는 하루치 개인 재산 증가분이 역대 최대를 기록했다. 하루 만에 그의 재산은 130억 달러가 늘었다. 이 추세로라면 2026년에 그는 세계 최초로 조만장자[1조 달러를 가진 부자]가 될 것이다.

이런 결과가 나온 그 순간, '공포의 4인방'은 미국 의회 청문회에 불려 가 '들들 볶였다'. 청문회는 그들이 경쟁자를 다루는 악랄한 관행과 미국 경제의 가장 수익성 높은 부문에서 '시장 지배력'을 키우고 독점적 지위를 누리는 문제를 다뤘다. 법사위원회는 이 기업들이 경쟁자를 짓뭉개거나 인수하거나 시장에서 내쫓으려 한 시도를 보여 준다며 1300건의 문서를 공개했다.

예를 들어 페이스북의 최고 경영자 마크 저커버그는 "인수가 잠재적 경쟁자를 무력화하는 효과적 방법"이라고 여기며, 페이스북의 인수 제안을 거부할 경우 페이스북 측의 "파괴 모드"에 직면할 것을 두려워하는 신생 기업이 얼마나 많은지 메일에 썼다. 비판자들이 "울타리 쳐진 정원"이라고* 부르는 것을 구축하는 과정에서 구글 관계자들이 경쟁을 회피할 방법을 고민했다는 내부 문건도 폭로됐다. 한 임원이 말한 것처럼 "우리가 알고 사랑한 인터넷의 개방성은 사라지고 있다." 이 '슈퍼스타' 기업들을 억제하거나 해체하고 그들의 독점적 시장 지배력을 없애야 한다는 목소리가 거세지고 있다.

그렇지만 이는 자본주의 역사에서 새로운 일이 아니다. 자본이 새롭게 축적·확장되는 부문에서 성공한 기업은 규모가 크게 성장해 결국 '독점적' 지위를 누렸다. 철도·석유·자동차·금융·통신 등이 그랬다. 1911년 [미국 석유 기업] 스탠더드오일은 의회에 의해 34개의 기업으로 분할됐다. 스탠더드오일을 경영한 록펠러는 1897년에 은퇴한 후에도 여전히 대주주였고, 1911년 스탠더드오일 트러스트가 더 작은 기업 34개로 분할된 이후에도 현대사에서 가장 부유한 인물이었다. 분할된 기업들의 초기 수입이 단일 기업일 때보다 훨씬 더 많았기 때문이다. 엑손모빌·마라톤페트롤리엄·아모코·셰브론 같은 스탠더드오일의 후신들은 여전히 세계에서 가장 매출이 많은 기업에 속한다.

1984년에는 [미국의] 주요 '독점' 통신 사업자였던 AT&T가 지역

---

* 울타리 쳐진 정원(walled garden) 이용자들이 자사의 콘텐츠와 서비스만 소비하도록 만든 폐쇄형 네트워크 서비스를 비판하는 용어.

기업 7개로 분할됐다. 그러나 AT&T의 지역 독점 후신들은 계속해서 막대한 수익을 올렸다. '시장 지배력'을 쪼갰지만 경쟁 구도나 생산성, 가장 중요하게는 노동소득을 개선하는 데 거의 영향을 미치지 못했다.

독점적 '시장 지배력'을 없애더라도 미국 경제의 낮은 생산성과 갈수록 깊은 불황으로 빠져드는 현재 상황을 호전시키지 못할 것이며, 미국에서 소득이나 재산의 불평등을 줄이지도 못할 것이다. IMF 경제학자들의 최근 연구를 보면, 1990년대 초 이래 세계 노동소득분배율이 감소 추세를 보인 것은 주로 '기술 진보' 때문으로 (특히, 소위 '단순 반복적 일자리'에서 일하는) 노동자들이 노동 절약적 기술로 대체됐다. "실증적 분석에 따르면, 비록 선진·신흥 시장경제 간 차이는 있지만 기술 [발전]과 세계적 통합이 이런 추세의 지배적 요인이다. 기술 진보(투자재의 상대가격이 가파르게 하락하는 것으로 나타난다)는 선진 경제에서 [노동소득분배율 하락의] 핵심 동력이었으며, 그와 함께 단순 반복적 일자리의 자동화, 정도는 덜하지만 세계적 통합도 한몫했다." 불평등이 커진 것은 노동 착취와 노동 절약적 기술을 통한 '정상적'인 자본주의적 축적과 이윤 전유의 결과다.

그렇지만 좌파 경제학에서는 주되게 '시장 지배력'으로 미국과 전세계 자본주의의 문제점을 설명하려는 시도가 계속되고 있다. 떠오르는 스타 경제 저널리스트 그레이스 블레이클리가* 2020년 7월에

* 국내에 번역 소개된 그레이스 블레이클리의 저서는 《코로나 크래시: 팬데믹은 (국가독점)자본주의를 어떻게 다시 일으켜 세웠는가》(책세상, 2021) 등이 있다.

[미국의 좌파 잡지] 《재커빈》(자코뱅)에 쓴 기사를 보자. “세계에서 가장 큰 기술 기업의 다수가 세계적으로는 과점, 국내에서는 독점기업이 됐다. 물론 세계화가 여기에 일조했는데, 많은 국내 기업이 세계적인 다국적기업들과 도저히 경쟁할 수 없기 때문이다. 그렇지만 이 다국적기업들이 상대적으로 큰 규모를 이용해 임금을 낮추고 세금을 회피하고 납품 업체들을 후려치며, 특혜를 받기 위해 정부들에 로비하는 것 때문이기도 하다.”

블레이클리는 아마존이 ‘반反경쟁적 관행’을 통해 미국 최대 기업이 됐고 결국 유럽연합의 경쟁 규제 당국들과 갈등을 빚고 있다고 주장한다. 아마존 물류 창고의 업무 관행은 끔찍하기로 악명 높다. 그리고 2019년 한 연구는 아마존이 세계에서 가장 “공격적인 조세 회피 기업” 중 하나라는 것을 보여 줬다. 아마존이 독점적 지위를 유지하기 위해 그렇게 애써야 하는 이유 하나는 아마존의 사업 모델이 일정 규모 이상에서만 얻을 수 있는 네트워크 효과에* 의존하기 때문이라고 블레이클리는 주장한다. 아마존과 같은 기술 기업은 자신의 사이트에서 이뤄진 거래에서 생성된 데이터를 독점한 뒤 판매함으로써 돈을 번다.

그리고 소수 대기업의 시장 지배력이 커지면서 실제로 생산성이 떨어졌다. [블레이클리는 이렇게 썼다.] “이런 집중은 또한 투자와 임금 상승을 억제했는데, 이 기업들은 노동력을 두고 경쟁할 필요가 없고

---

* 네트워크 효과 이용자 수가 상품이나 서비스의 가치에 영향을 미치는 현상으로, 이용자가 많을수록 그 유용성이 더 커진다.

경쟁자들을 능가하기 위해 혁신을 강요받지도 않기 때문이다."

블레이클리가 여기서 말하는 것 중 많은 것이 사실이다. 의심할 여지 없이, 애플·마이크로소프트·넷플릭스·아마존·페이스북 같은 기업이 엄청난 수익을 올리는 것은 대부분 그들이 특허권을 지배하고, 자본력이 좋으며(즉, 돈을 싸게 빌릴 수 있고), 잠재적 경쟁자들을 사들이기 때문이다. 최신 사례를 들어 보자. 마이크로소프트는 중국의 바이트댄스가 소유한 틱톡을 인수하려고 협상 중인데, 슈퍼스타 기업들이 가장 최근에 맞닥뜨린 이 거대 경쟁자를 약화시키려는 목적이다. 그렇지만 시장 지배력이나 독점으로 너무 많은 것을 설명하려 해서는 안 된다. 기술혁신 또한 이 대기업들의 성공 요인이다.

마르크스는 자본주의 경제에서 나타날 수 있는 지대에는 2가지 형태가 있다고 봤다. 첫째는 '절대지대'로, 상품생산에 필요한 노동과 기계에 투자하지 않은 채 자산(토지)을 독점적으로 소유함으로써 자본주의 과정에서 잉여가치의 일부를 얻어 내는 것을 뜻한다. 그러나 마르크스가 '차액지대'라고 부른 둘째 형태도 있다. 이는 일부 생산자가 더 비효율적인 생산자보다 낮은 비용으로 판매해 초과이윤을 얻는 능력에서 비롯했다. 이런 상황은 저비용 생산자가 [다른 생산자의] 시장 진입을 막고, 자금 조달에서 규모의 경제를 이용하며, 특허권을 지배하고, 카르텔 거래를 함으로써, 다른 생산자가 훨씬 더 낮은 비용이 드는 기법을 도입하는 것을 막을 수 있는 한 계속될 것이다. 이 차액지대는 농업에서는 더 비옥한 토지(자연)를 통해 얻을 수 있었지만, 현대 자본주의에서는 '기술 지대', 즉 기술혁신을 독점하는 형태일 것이다.

자본주의 역사에서는 자본의 집적과 집중이 증가하지만, 경쟁 때문에 잉여가치는 계속해서 자본들 사이를(국민경제 내에서 그리고 세계적으로) 이동한다. 새 생산물이 옛 생산물을 대체하는 과정에서 장기적으로 독점적 우위는 감소하거나 없어질 것이다. 제너럴일렉트릭GE과 자동차 제조업체들의 독점 세계는, 신기술 도입으로 새롭게 자본을 축적할 부문이 등장하자 더는 유지되지 못했다. 거대 석유 회사들도 현재 신기술로 위협받고 있다. 애플 왕국도 영원히 지속되지 않을 것이다.

더욱이, 본질적으로 경쟁하는 '다수 자본'에 기반하는 자본주의에서 '영원한' 독점, 즉 전체 자본가계급이 나눠 가져야 할 총이윤에서 공제되는 '영원한' 초과이윤이 용납될 수는 없다. 이윤과 시장점유율을 높이기 위한 끝없는 전투 탓에 독점기업들은 새로운 경쟁 상대, 새로운 기술, 국제적 경쟁자로부터 끊임없이 위협받는다.

자본축적은 시간이 지나면서 자본의 집적과 집중이 증가하는 형태를 띤다는 것은 자명하다. 150여 년 전 마르크스가 《자본론》 1권에서 주장했듯 독점화 경향은 [자본주의에] 내재돼 있다. 그렇지만 '시장 지배력'으로 미국의 일부 거대 기업이 지대 수익을 얻을지 몰라도, 이 소수가 챙기는 지대는 다수의 이윤에서 공제한 것이다. 독점은 이윤 재분배 과정에서 '지대'의 형태로 일부 이윤을 챙기도록 해주지만 그 자체로 이윤을 창출하지는 않는다.

[애리조나대학교 금융학 교수] 캐슬린 케일과 [오하이오주립대학교 금융학 교수] 르네 스툴츠는 1975년에 미국에서 100개가 약간 넘는 기업이 상장 기업 전체가 벌어들인 총수익의 약 절반을 벌었다고 밝혔다.

2015년에는 딱 30개 기업이 그랬다. 2015년 [미국의] 상위 100대 기업은 전체 상장 기업 수익의 84퍼센트를 벌고, 전체 현금 보유액의 78퍼센트, 전체 자산의 66퍼센트를 보유했다. 상위 200대 기업은 상장 기업 전체보다 더 많은 수익을 올렸다! 사실, 상장 기업 중 [하위] 3500개가량의 총수익이 적자다. 수익과 현금이 넘쳐 난다는 미국 기업들의 실태가 이렇다.

이윤은 신고전학파나 케인스주의/칼레츠키주의* 이론이 주장하듯 독점이나 지대 추구의 결과가 아니라, 노동 착취의 결과다. 마르크스의 이윤율 법칙이 여전히 자본주의 경제에서 핵심이다. 코로나19 팬데믹이 세계경제를 강타하기 직전에 이미 주요 자본주의 경제는 2008~2009년 대침체 이후 처음으로 새로운 경기 침체로 치닫고 있었다. 자본의 수익성은 거의 사상 최저였다. 미국·유럽 기업의 최대 20퍼센트는 새로 투자할 여력 없이 겨우 대출이자만 감당할 정도의 이윤을 내고 있었다. 실질 GDP 성장률은 2009년 이후 최저 수준으로 떨어졌고 기업 투자는 정체하고 있었다. 세계적 경기 침체는 이미 다가오고 있었다. 이는 FAANG의 '시장 지배력'이 모든 이윤을 빨아들이는 것과는 거의 관련이 없었으며, 자본이 노동을 충분히 착취하지 못하는 것과 훨씬 더 관련이 있었다.

그러나 주류 경제학은 (신고전학파와 케인스주의 모두) 이를 결코

---

* 칼레츠키주의 폴란드 경제학자 미하우 칼레츠키를 따르는 학파. 칼레츠키는 케인스와 비슷한 이론을 동시대에 독자적으로 발전시켰고, 이후 급진적 케인스주의 사상에 큰 영향을 미쳤다.

인정하지 않으려 한다. 주류 경제학의 입장에서는 만약 이윤이 많다면 이는 '독점력' 때문이지 노동 착취가 증가했기 때문이 아니다. 그리고 투자가 증가하지 않는 것도 독점력 때문이지 전반적으로 낮은 이윤율 때문이 아니라고 본다. 그러나 마르크스주의적으로 자본을 분석하지 않고 이런 '시장 지배력' 주장을 받아들인다면, '시장 지배력'을 약화시키거나 독점을 해체해서 '경쟁'을 복원하는 것만으로 충분하며 자본주의 생산양식을 끝장낼 필요는 없다고 여길 수 있다.

블레이클리는 《재커빈》 기사에서 날카롭게 다음과 같이 결론짓는다. "이런 불평등을 해결할 수 있는 유일하게 실질적인 방안은 생산수단의 소유를 민주화하는 것이며, 우리 경제의 주요 결정권을 국민에게 돌려주기 시작하는 것이다." 좋다. 그러나 구체적으로 뭘 말하는지는 잘 모르겠다. 독일식 노동이사제? 종업원지주제? 규제 도입? 과거에 이 모든 조처는 "주요 결정권을 국민에게 돌려주는" 데 실패했다. 기사에서 블레이클리는 부유세를 주장한다. 그렇지만 부유세는 "생산수단의 소유를 민주화"하는 데 별로 도움이 되지 않을 것이다.

애플·마이크로소프트·아마존·페이스북·구글·넷플릭스 같은 기업들의 시장 지배력에 대한 진정한 해결책은 이 기업들을 공공 소유로 만들고 각 기업의 노동자, 소비자단체, 노동조합, 정부에서 민주적으로 선출된 이사회와 경영진이 운영하는 것이다. 그러면 공포의 4인방의 지배는 끝날 것이다. 그들은 주식 형태로 '소유'했던 수십억 달러를 하루아침에 잃을 것이다. 그때 이 기업들의 비도덕적 관행은 멈출 것이고 소셜 미디어를 둘러싼 온갖 추문도 사라질 것이다. 그리고 (팬데믹 상황에서 너무나 잘 드러났듯) 이 기업들이 제공하는 가장 중요하고, 핵심적인 서비스가 엄청난 이윤을 내기 위해서가 아니라 사회적 필요를 충족하기 위해 (저가에 광고 없이!) 제공될 수 있다.

인공지능 로봇:
일자리를 빼앗을까?

다음 세대에는 로봇과 인공지능이 인간 노동을 대체하고 경제를 주도하게 되는 변화가 일어날까? 그렇다면 사람들의 일자리와 생활수준은 어떻게 바뀔까? 로봇과 인공지능의 시대는 사회주의 유토피아(인간이 고된 노동에서 해방되고 풍요가 넘치는 조화로운 사회)일까? 아니면 자본주의 디스토피아(경제 위기가 갈수록 극심해지고 계급투쟁이 더욱 격해지는 사회)일까?

로봇 활용은 빠르게 늘고 있다. 2000년대 중반 이후 10년간 선진 자본주의 경제에서 로봇의 활용도는 거의 2배로 늘었다. 일본과 한국은 제조업에서 노동자 1만 명당 로봇 300대 이상이 도입된 나라로, 로봇 활용도가 가장 높다. 그다음은 독일로 노동자 1만 명당 로봇 250대 이상이 활용되고 있다. 미국은 1만 명당 로봇 수가 일본이

출처: "Can robots usher in a socialist utopia or only a capitalist dystopia?", *Socialist Review* 415 (July / August 2016).

나 한국의 절반이 안 된다.* 같은 기간에 로봇 도입률은 브라질에서 40퍼센트, 중국에서 210퍼센트, 독일에서 11퍼센트, 한국에서 57퍼센트, 미국에서 41퍼센트 정도 증가했다.

인공지능이란 기계가 단지 미리 입력된 프로그램대로 명령을 수행하는 것만이 아니라 경험과 새로운 상황을 통해 새로운 프로그램과 명령을 학습한다는 것을 의미한다. 요컨대 인공지능은 로봇이 학습을 하고 지능을 향상시킨다는 뜻이다. 매사추세츠공과대학MIT 동료인 에릭 브리뇰프슨과 《제2의 기계 시대》를 공저한 앤드루 매커피는 지능이 높은 인공지능 기계가 보급돼 많은 일자리가 사라지게 되는 'SF(공상과학소설) 경제'가 실현될 수 있다고 보는 대표적 인물이다. 그는 이런 변화가 크나큰 경제적·사회적 혜택을 줄 것이지만 "노동 최소화" 경제가 등장할 수도 있다고 말한다.

옥스퍼드대학교 경제학 교수인 칼 베네딕트 프라이와 마이클 오즈본은 기술 진보가 702개의 광범한 직업군(발 전문의부터 여행 가이드, 동물 훈련사, 개인 금융 상담사, 청소부까지)에 미칠 영향을 예측했다. 이들의 결론은 충격적이다.

> 우리의 추계에 따르면, 미국 일자리의 47퍼센트가 사라질 위험에 놓여 있다. 더군다나, 임금과 교육 수준이 낮은 일자리일수록 컴퓨터로 대체

---

* 2020년에 국제로봇연맹(IFR)이 발표한 '로봇 밀도'(제조업 노동자 1만 명당 로봇 대수)에 따르면, 한국의 로봇 밀도는 꾸준히 늘어 868대로 싱가포르에 이어 2위를 차지했다. 일본은 3위이지만 364대로 한국과 격차가 벌어졌고, 독일은 346대로 4위, 미국은 228대로 9위다.

될 확률이 매우 높게 나타난다. … 지난 수십 년간은 [기술 진보가 진행되면서] 중간 소득 일자리가 감소하는 패턴이었지만, 우리의 모델에 따르면 가까운 미래에 컴퓨터로 대체될 일자리는 주로 저숙련·저임금 직업군일 것이다. 이에 반해 고숙련·고임금 일자리는 컴퓨터 자본에 가장 적은 영향을 받을 것이다.

[런던정치경제대학교] 경제성과연구소의 게오르크 그레츠와 가이 마이클스는 유럽·호주·한국·미국 등 17개 선진국의 14개 산업을(주로 제조업이었지만 농업과 [수도·전기·가스 같은] 공익사업도 포함해) 연구했다. 그들은 산업로봇이 노동생산성과 총요소생산성,* 임금을 증가시킨다고 밝혔다. 또한 산업로봇의 도입이 총노동시간에 큰 영향을 미치지는 않았지만, 저숙련 노동자와 일부 반半숙련 노동자의 고용을 감소시킨다는 증거를 내놨다.

이처럼 로봇 도입으로, 일하는 사람들의 고역(노동시간)은 의외로 줄지 않았다. 그러나 미숙련 노동자와 심지어 반숙련 노동자의 일자리는 줄어들었다. 요컨대 노동시간이 준 것이 아니라 노동강도가 강화됐고 실업이 증가했다. 사실, 미국에서 노동시간은 1970년대 이래 계속 증가해 왔다.

자본주의적 축적의 근본 원리는 자본가가 이윤을 늘리고 더 많은 자본을 축적하기 위해 기계를 도입해서 개별 노동자의 생산성을 끌

---

* 총요소생산성 노동·자본·원자재 등 생산요소뿐 아니라 기술 개발, 경영 혁신, 노사 관계 등 '눈에 보이지 않는' 요인까지 감안해 생산의 효율성을 나타내는 지표.

어올리고 경쟁 자본가보다 비용을 줄이려 한다는 것이다. 이런 방식 덕분에 자본주의는 사회의 생산력 발전에 엄청나게 혁명적인 구실을 한다.

그러나 모순이 있다. 노동생산성을 증가시키기 위해 신기술을 도입하면 그 과정에서 노동자가 감원된다. 신기술이 노동을 대체하는 것이다. 물론, 생산성이 향상되면 총생산이 증가하고 새로운 부문이 생겨나 일자리를 보충할 수 있다. 그렇지만 시간이 지나면서 '자본 편향'적 또는 노동 절약적 기술 발전은 투하된 자본비용에 비해 새로운 가치를 적게 창출한다(노동만이 새로운 가치를 만들기 때문이다). 그래서 생산성이 상승하면서 수익성이 저하하는 경향이 있다. 결국 이런 경향은 신기술 도입으로 생산에서 수익 발생이 중단되거나 심지어 역전되는 생산의 위기로 이어진다. 현대 (자본주의적) 생산양식에서는 오로지 수익성이 투자와 생산을 좌우하기 때문이다.

로봇공학과 인공지능이 극도로 발전한 (공상과학소설 같은) 미래가 실현된다면, 이런 분석은 어떤 함의를 지닐까? 로봇이 로봇을 생산할 뿐 아니라 로봇이 원재료를 추출해 모든 것을 생산하고 사적·공적 업무를 모두 수행해, 생산과정에서 인간의 노동이 더는 필요없는 100퍼센트 자동화된 상황을 상상해 보자. 인간 [노동] 없이도 원료를 제품으로 가공하는 과정에서 부가가치가 창출되는 것 아닐까? 그래서 인간의 노동만이 가치를 창출한다는 마르크스의 학설이 논파되는 것 아닐까?

그러나 이는 자본주의에서 가치의 이중성, 즉 사용가치와 교환가치를 혼동하는 것이다. 사용가치란 재화와 서비스의 효용성을 뜻한다. 교환가치는 노동시간으로 측정된 가치로, 자본가가 인간 노동으로부터 추출해 가져가며, 시장 교환을 통해 실현된다. 자본주의 생산양식에서 생산된 모든 상품에는 사용가치와 교환가치가 둘 다 존재한다. 자본주의에서는 둘 중 하나만 가질 수 없다. 그러나 자본주의에서 투자와 생산과정을 좌우하는 것은 사용가치가 아니라 교환가치다.

가치는 (그 정의상) 자본주의에 고유한 것이다. 물론 산 노동은 재화를 창조할 수 있고 서비스를 제공할 수 있다(사용가치). 그러나 자본주의적 상품생산에서 핵심은 가치다. 자본(소유자들)은 생산수단(노동의 산물)을 통제하고, 노동이 만드는 가치를 전유하기 위해서만 그 생산수단을 사용하려 한다. 자본은 스스로 가치를 창출하지 않는다. 따라서 로봇과 인공지능이 일반화돼 완전 자동화가 이뤄진 가상의 세계에서는 (사용가치의) 생산성은 무한대로 발산하되 이윤율(투하자본 가치 대비 잉여가치)은 0으로 수렴할 것이다.

이런 사회는 더는 자본주의가 아니다. 차라리 고대 로마의 노예제 경제와 비슷하다. 고대 로마에서는 대부분 영세농민에 의존하던 경제가 수백 년에 걸쳐 노예가 광업·농업을 비롯한 온갖 일을 전담하는 경제로 전환됐다. 이런 일이 벌어진 까닭은 로마가 공화정과 제정 시기에 벌인 전쟁에서 승리해 전리품의 일환으로 노예노동을 매우 풍부하게 공급받았기 때문이다.

노예 소유주들이 노예노동을 활용하는 편이 자유민을 고용하는 것보다 (처음에는) 훨씬 싸게 먹혔다. 노예 소유주들은 빚 독촉을 하거나 전쟁터로 징발하거나 순전히 폭력을 쓰는 등 다양한 방법으로 농민을 땅에서 쫓아냈다. 농민과 그의 가족은 제 발로 노예가 되거나 도시로 이주할 수밖에 없었다. 그들은 도시에서 고된 노동과 하찮은 기술로 근근이 밥벌이를 하거나 구걸을 했다. 계급투쟁은 끝나지 않았다. 노예를 소유한 귀족과 노예 사이에서, 귀족과 도시의 원자화된 평민 사이에서 투쟁이 벌어졌다.

경제가 완전히 로봇화된다면 생산수단(로봇)의 소유자들은 비용을 전혀 들이지 않고 재화와 서비스를 생산하는 경제를 향유하게 될 것이다(로봇을 만드는 로봇을 다시 로봇이 만드는 식). 그러면 이들은 단지 소비하면 된다. '이윤'을 낼 필요가 없다. 마치 로마의 노예 소유 귀족들이 그저 [노예노동의 생산물을] 소비했을 뿐, 상품을 판매하는 사업체를 운영해서 이윤을 얻으려고 하지 않았듯이 말이다. 따라서 로봇 경제는 모두에게 풍요가 넘치는 사회일 수도 있지만, 부와 소득이 극도로 불평등한 새로운 형태의 노예제사회일 수도 있다. 이것은 사회적 '선택'에 달려 있다. 더 정확히 말하자면 자본주의에서 계급투쟁의 결과에 달려 있다.

그러나 현실로 돌아와 보자. 인공지능과 로봇이 인간 노동을 완전히 대체할 날은 언제쯤일까? 인공지능 연구자들이 지적한 바에 따르면, 주머니에 손을 넣어 동전을 꺼내는 일 같은 인간에게 가장 손쉬운 일이 기계에게는 가장 어려운 일이다. 예컨대 [미국의 로봇 회사] 아이로봇의 [로봇 청소기] 룸바는 자율 이동을 하지만 방을 돌아다니는 진공청소기 기능은 매우 간단하다. 이에 반해 아이로봇의 팩봇은 폭탄을 제거하도록 설계된 더 비싼 모델인데 사람이 원격조종을 해야만 작동한다.

미국 국방부의 연구 부서인 방위고등연구계획국DARPA은 캘리포니아 퍼모나에서 로봇공학 경진 대회를 열었다. 1시간 내에 일련의 구조 작업을 가장 잘 수행한 로봇의 제작자에게 우승 상금 200만 달러가 주어지는 대회였다. 로봇에게는 작업 8개를 완수하는 데 1시간이 주어졌는데, 인간이라면 10분도 안 돼 해치울 수 있는 일이었다. 그렇지만 로봇은 대부분의 작업을 수행하지 못했다.

로봇은 대부분 다리가 2개였지만, 다리가 4개거나 바퀴가 달렸거나 바퀴와 다리가 모두 있는 경우도 많았다. 그러나 자율적으로 작동하는 로봇은 없었다. 인간 조작자가 무선 네트워크를 통해 기계를 조종했고, 그 기계는 인간의 감독 없이는 대개 무용지물이었다. 로봇이 [스스로] 계획을 세우고 진정한 자율성을 발휘하는 데 필요한 더 높은 수준의 인간다운 과정인 '인지' 영역에서 로봇 기술은 거의 답보 상태다. 이 때문에 많은 로봇 연구자가 인간과 로봇이 협업하는 대안적 방법을 모색하기 시작했다. '협동 로봇'이나 '클라우드 로봇공학'이* 그런 시도의 일환이다.

[로봇이 자율적으로 작동하려면] 아직 갈 길이 멀다는 말이다. 인류학자 데이비드 그레이버는 자율적 인공지능과 완전히 자동화된 로봇이 빠르게 도입되는 데 자본주의 체제 자체도 걸림돌이라고 지적했다. 신기술을 위한 재원은 인간의 필요를 충족하고 고된 노동을 줄이기 위해서가 아니라 수익성을 높일 만한 데 투입되기 때문이다.

---

* 클라우드 로봇 로봇을 활용하는 데 필요한 소프트웨어와 데이터를 외부 컴퓨터에 저장해 두고 네트워크로 연결해 조작하는 로봇.

그는 "옛날에 사람들은 날아다니는 자동차와 순간 이동 장치 그리고 인간을 노동에서 해방할 로봇이 미래에 등장할 것이라고 상상했다. 그렇지만 이상하게도 이 중에서 실현된 것은 하나도 없다"고 말했다.

그 대신에 산업자본가들은 1960년대에 모두가 기대하던 로봇 공장을 개발하는 것이 아니라 세계 곳곳의 노동 집약적, 저기술 시설로 공장을 이전하는 데 연구비를 쏟아부었다. 그리고 각국 정부는 무기 개발, 통신·감시 기술 연구, 보안 관련 문제 등 군사 연구에 재원을 집중했다. 그레이버는 다음과 같이 적는다. "로봇 공장이 안 만들어지는 이유 하나는 로봇공학 연구 재원의 95퍼센트 가까이가 제지 공장 자동화보다는 무인 드론 개발에 더 관심이 많은 미국 국방부를 통해 조달되기 때문이다."

예일대학교 경제학 교수 윌리엄 노드하우스는 미래에 인공지능과 로봇이 경제에 미치는 영향을 추정했다. 그에 따르면, 인공지능과 로봇으로 경제에 큰 변화가 일어나는 일은 여전히 요원하다. "소비자들이 아이폰에 열광하더라도 전자 제품을 먹을 수는 없다. 마찬가지로, 적어도 오늘날 기술 수준으로 대부분의 재화와 서비스를 생산하기 위해서는 정보뿐 아니라 노동·에너지·천연자원 같은 형태의 희소 투입물([물질적] '재료')이 필요하다." 노드하우스는 지난 10여 년의 추세로 보건대 로봇 기술이 완전 자동화를 이룰 정도로 발전하는 데는 "한 세기가량"이 걸릴 것이라고 예상한다.

지구의 환경과 생태계를 파괴하지 않으면서도 대중의 필요를 충족하고 가난을 끝내고 풍요로운 사회를 만드는 기술 진보가 우리가 바라는 바다. 만약 인공지능과 로봇공학 기술이 우리를 그런 사회에 좀 더 가깝게 데려갈 수 있다면, 더할 나위 없이 좋을 것이다. 그러나 로봇이 인간의 고역을 최소한으로 줄여 주는 조화롭고 풍요로운 사회를 가로막는 장애물이 자본이다.

2015년 영국고용기술위원회UKCES는 "일자리의 미래" 보고서를 발표해 장기 침체의 가능성과 기술 진보에 따른 생산성 향상의 가능성을 모두 포함해 몇 가지 전망을 제시했다. 그런데 그 전망에는 하나의 공통점이 있었다. 좋은 기술이 없고 연줄도 변변찮고 물려받은 재산이 없는 사람들의 미래는 처참할 정도로 암담해 보인다는 점이었다. 〈이코노미스트〉는 이렇게 결론을 내렸다. "예상한 대로, 성장과 혁신으로 숙련직은 고소득을 얻지만 나머지는 고용 기회 감소와 제자리 임금에 시달리게 된다면, 사회는 격렬한 시험대에 오를 것이다."

로봇을 포함해 생산수단이 소수의 손에 있는 한, 로봇 사회의 혜택은 소수에게 돌아갈 것이다. 로봇과 인공지능으로 인해 불가피하게 수많은 일자리가 사라지면서 자본가들은 이득을 볼 것이다. 신기술의 이익이 대부분 가장 부유한 이들에게 돌아간다면, 디스토피아적 전망이 현실이 될 수 있다.

[영국의 서평 전문 잡지] 《런던 리뷰 오브 북스》에 존 랜체스터가 쓴 [《제2의 기계 시대》의] 서평을 인용하며 마무리하겠다.

> 세상이 [정상적으로] 굴러가게 할 유일한 방법은 소유 형태를 바꾸는 것이다. 이런 더 나은 미래가 실현될 수 있다고 믿는 (유일한) 이유는 바로 자본주의에 로봇이 더해진 디스토피아적 미래는 너무나 끔찍할

것이라 도저히 정치적으로 가능할 것 같지 않기 때문이다. 이런 대안 사회는 [19세기 후반 영국의 혁명적 사회주의자이자 예술가] 윌리엄 모리스가 꿈꾼 미래인, 만인이 가치 있는 노동에 참여하면서 제대로 된 보상을 받는 세상일 것이다(다만 로봇이 존재한다는 점만 다를 것이다). 이 책은 오늘의 현실에 대해서 많은 얘기를 하지만, 우리의 미래가 초超자본주의적 디스토피아일지 사회주의적 이상향일지 갈림길에 서 있는 지금, 사회주의라는 대안에 대해서는 전혀 말하지 않는다.

주식:
경제는 침체인데 왜 뛸까?

코로나19 한 해 동안 세계의 거의 모든 나라에서 생산·투자·고용이 급감했다. 봉쇄와 격리, 국제 무역량 폭락으로 생산과 지출이 줄어든 탓이다. 그렇지만 주요 경제국의 주식·채권 시장에서는 정반대 현상이 벌어졌다. 미국 주가지수는 (다른 나라 지수들과 마찬가지로) 역사상 최고치를 기록하며 2020년을 마감했다. 코로나19 팬데믹 초기의 충격과 뒤이은 봉쇄 조처로 인해 미국 주가지수가 40퍼센트 급락한 이후, 시장은 극적으로 회복해 결국에는 팬데믹 이전 수준도 넘어섰다(그림 2-2 참조).

왜 이런 일이 일어났는지는 분명하다. 신용화폐가 경제에 투입됐기 때문이다. 연준과 그 밖의 주요 은행들은 금융 시스템에 막대한 양의 현금과 신용을 투입했다. 심지어 은행들이 가진 국채를 매입하

출처: "Covid and fictitious capital", https://thenextrecession.wordpress.com (25 January 2021).

그림 2-2. 미국의 주가지수

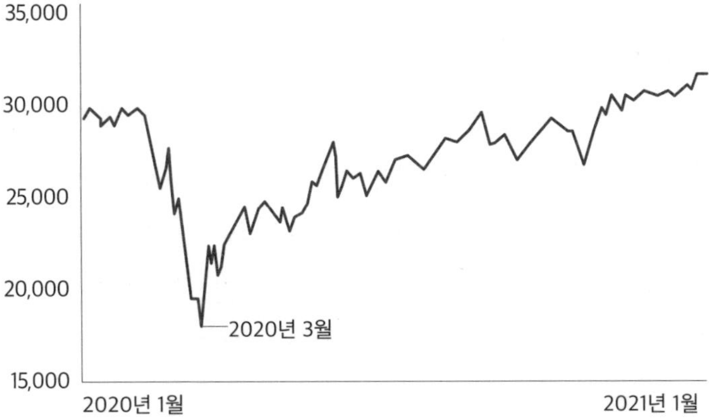

출처: Dow Jones Industrial Average

고 회사채를 매입하는 것은 물론, 정부가 직접 뒷받침하는 코로나19 기업 대출을 통해서 기업에 곧바로 투입하기도 했다. 이 신용의 금리는 제로로 떨어졌고, 국채 같은 소위 '안전 자산'의 경우 금리가 마이너스가 되기도 했다. 채권 구매자들이 [투자할 곳이 마땅히 없어서] 채권 증서를 사려고 정부에 이자를 지불하고 있었던 것이다!

이렇게 펴 주는 신용은 대부분 직원에게 급여를 주고 고용을 유지하거나 기업 운영을 지속하는 데 사용되지 않았다. 그 대신 이런 융자금은 금융자산 투기를 위한 (그 비용이 염가이거나 거의 들지 않는) 차입금으로 사용돼 왔다. 소위 '신용증거금'이라고 불리는 것을 통해 주식시장의 매수 중에서 얼마나 많은 부분이 차입으로 이뤄졌는지를 측정하는데, 최근 신용증거금의 규모는 전월 대비 7.7퍼센트가 증가해 사상 최고치를 기록했다.

마르크스는 주식과 채권 같은 금융자산을 '가공자본'이라고 불렀다. 엥겔스가 이 용어를 자신의 초기 경제학 저작인《국민경제학 비판 개요》에서 처음 만들어 냈으며, 마르크스는 이를《자본론》3권(25장과 29장)에서 더 발전시켜 자본주의 생산에서 미래 수익에 대한 누적된 청구권, 즉 법률적 권리라고 정의했다. 다시 말해 가공자본이란 '실물'자본(물질적 생산수단과 노동자에 실제로 투자된 자본)이나 보유한 현금인 화폐자본에 대한 청구권을 뜻한다. 기업은 주식이나 채권 또는 둘 다를 발행함으로써 투자 등을 위한 자금을 조달한다. 그러면 주식·채권 소유자들은 기업의 미래 수익에 대한 청구권을 갖게 된다. 이런 청구권에는 '2차' 시장이 존재하는데, 이 시장은 이미 발행된 주식이나 채권을 사고팔아서 그 소유권이 왔다 갔다 하는 시장이다.

주식과 채권은 실물자본으로 기능하지 않으며, 단지 미래 이윤에 대한 청구권일 뿐이다. 따라서 "이런 [주식과 채권] 증서의 자본 가치는 … 순전히 허상이다. … 증서는 이런 자본을 나타내는 소유권 구실을 한다." 마르크스에 따르면 "철도·광산·해운 기업 등의 주식은 실물자본(즉, 이 기업들에 투자돼 그 기능을 수행 중인 자본)을 나타내거나 이 기업들에서 자본으로 사용될 목적으로 주주들이 선지급한 금액을 나타내지만 … 이런 자본은 두 번 — 한 번은 소유권(주식)의 자본 가치로서, 또 한 번은 이 기업들에 투자됐거나 투자될 실물자본으로서 — 존재하지는 않는다." 자본은 "오직 후자의 형태로만 존재"하며, 주식은 "자본에 의해 실현될 잉여가치의 해당 부분에 대한 소유권일 뿐이다."

금융시장에서 투자자(투기꾼)들은 이런 금융자산을 사고팔면서 가격을 오르내리게 한다. 현금(유동성)이 쏟아져 나오면 주식과 채권의 가격이 급등할 수 있으며, 은행과 금융기관은 언제나 투자자들을 위한 새로운 금융 '상품'을 발명한다. 마르크스에 따르면 "이자 낳는 자본과 신용 제도가 발전하면서, 모든 자본은 2배로, 때때로 3배로 늘어나는 것처럼 보인다. 동일한 자본이나 심지어 (하나의 부채에 대한) 동일한 청구권이 다양한 형태로 여러 사람의 수중에서 나타나기 때문이다. 이런 '화폐자본'은 대부분 순전히 허구적[가공적]이다."

중앙은행은 모든 금융자산 호황의 핵심 동인이 된다. 마르크스가 150여 년 전에 한 말을 한 번 더 인용하자면, "은행이 자기 금고에 있는 금준비金準備로 보증되지 않는 지폐를 발행하는 만큼, 은행은 가치의 증표를 창조하는 셈이다. 이 증표는 단지 유통수단일 뿐 아니라 이 무준비 발행 지폐[신용화폐]의 액면가만큼 (비록 허구적일지라도) 추가로 자본을 형성해 주며, 이 추가 자본은 은행에 추가 이윤을 가져다준다." 중앙은행이 돈을 창조하거나 '찍어 내'면 주식·채권 시장에 투기를 위한 유동성이 공급된다. 코로나19의 해에 우리가 목격한 것처럼 말이다.

마르크스는 주식시장 가격을 움직이는 것은 금리와 일반 이윤율 사이의 차이라고 여겼다. 2020년에 수익성이 떨어지는 동안에도 주가가 계속 오른 것은 장기금리가 아주 낮은 수준이었기 때문이고, 이는 전 세계에서 연준 같은 각국 중앙은행이 의도적으로 빚어낸 결과였다. 이번 코로나19의 해에 '양적 완화'(신용 투입을 통한 금융자산 매입)가 2~3배로 늘었다. 그 덕에 주식 투자 수익과 차입 비용간의 격차가 계속 유지돼 왔다.

그렇지만 여기에 문제가 있다. 기업의 주가는 결국 일정 기간에 창출됐거나 창출될 성싶은 수익과 어느 정도 관련이 있어야 한다. 투자자들은 주가를 연간 수익으로 나눈 값으로 기업의 가치를 측정한다. 어떤 기업이 발행한 주식을 모두 합산해서 주가에 곱하면 그 기업의 '시가총액', 즉 시장이 생각하는 그 기업의 가치를 구할 수 있다. 이 '시가총액'은 연간 수익의 10배, 20배, 30배 또는 그 이상일 수도 있다. 어떤 기업의 시가총액이 수익의 20배인데 그 기업의 주식을 샀다면, 그 투자 가격에 부응하기 위해서는 20년 동안 기업 이익을 배당금으로 거두기 위해 기다려야 할 것이라고 가정할 수 있다.

그림 2-3의 (CAPE 비율)* 그래프를 보면 장기금리가 하락함에 따라 이윤(이익) 대비 기업 주식의 시가총액은 상승해 온 것을 알 수 있다. 현재 CAPE 비율은 1929년 대불황과 2000년 IT 거품 다음으로 높은 수준에 있다.

만약 이윤이 기업의 주가를 움직인다면, 자본주의의 이윤율이 오르거나 내릴 때 주가도 마찬가지일 것으로 예상할 수 있을 것이다. 이를 측정하기 위해, 다양한 기업의 주가를 한 바구니 모아서 주식시장에 상장된 모든 기업 주가의 일종의 평균을 구해 지수로 만들 수 있다. 이것이 바로 주가지수다.

---

* CAPE 비율 경기 조정 주가 수익 비율. 노벨 경제학상 수상자이기도 한 경제학자 로버트 실러가 주식시장의 가치 평가를 위해 만든 지표로, S&P500 기업의 실질 가격을 주당순이익의 과거 10년 평균값으로 나눠서 계산한다.

그림 2-3. CAPE 비율과 장기금리의 변화

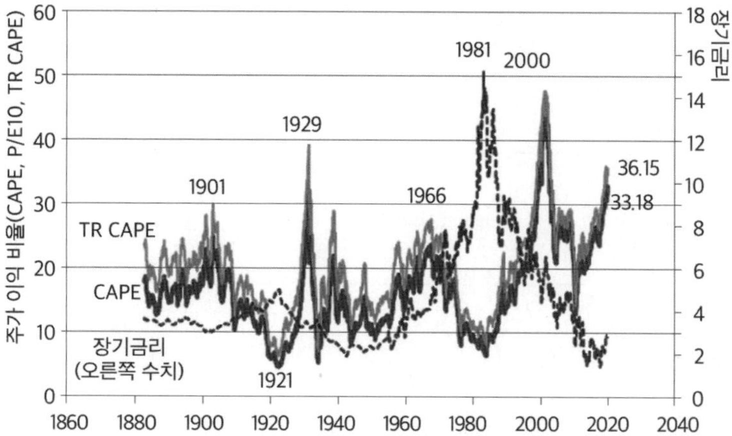

그렇다면 주가지수는 자본주의의 이윤율과 같은 방향으로 오르락내리락하는 것일까? 정답은 '그렇다'이지만, 장기간으로 봤을 때만 그렇다. 다시 말해 주가지수는 이윤이 순환하는 동안 그에 맞춰 오르락내리락하지만, 이 과정은 15~20년의 긴 기간이다. 단기적으로는 주식시장의 순환이 반드시 이윤의 순환과 일치하는 것은 아니다. 실제로 금융시장은 경제에서 발생하는 기저의 이윤에서 크게 벗어난 가격 수준에 도달할 수 있다.

주식시장이 실물경제와 생산적 투자에서 나는 이윤과 얼마나 동떨어져 있는지를 가늠하는 가장 일반적인 방법은 기업이 보유 중인 축적된 실물 자산과 비교해 기업의 시가총액이 얼마나 되는지를 측정하는 것이다. 이 측정 방식은 좌파 경제학자 제임스 토빈의 이름을 따 토빈의 Q라고 불린다. 이것은 주식시장 내 기업들(예컨대

그림 2-4. Q 비율의 변화

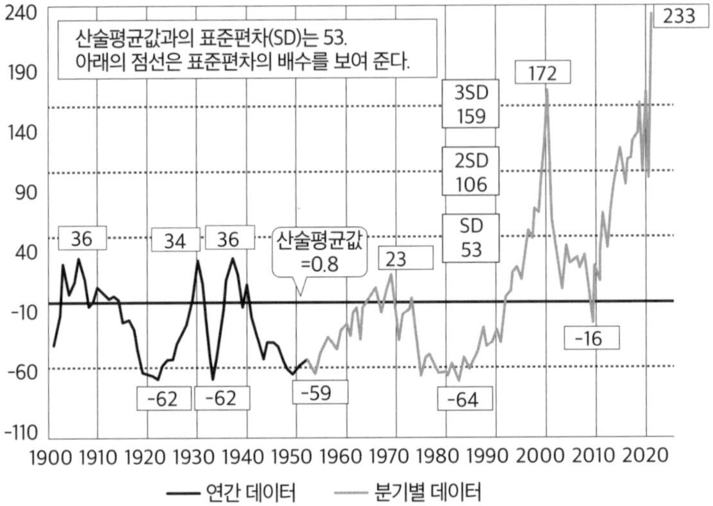

출처: advisorperspectives.com 2021 JAN

S&P500이라* 불리는 500대 기업)의 '시가총액'을 구해서 그 기업들이 축적한 유형자산의 대체 가치로 나눈 것이다. 대체 가치란 기업이 보유한 유형(과 '무형'?)의 자산(공장·설비·소프트웨어 등)을 전부 교체하기 위해 지불해야 할 가격이다.

지난 100여 년간 평균 Q 비율은 약 0.78이었다(그림 2-4 참조). Q 비율 최고치는 IT 거품이 정점을 찍었던 2000년의 2.17로 역사적 평균치보다 174퍼센트 높았다. 최저치는 1921년, 1932년, 1982년 불황기 때 약 0.28로 평균보다 62퍼센트 낮았다. 그러나 이번 코로나19의

---

* S&P500 세계 3대 신용 평가 기관 중 하나인 스탠더드앤드푸어스(S&P)가 선정한 500대 기업을 말한다.

그림 2-5. 버핏 지수: GDP 대비 시가총액

출처: advisorperspectives.com 2021 JAN

해에 토빈의 Q는 평균보다 233퍼센트 높은 신기록에 도달했다.

실물경제 대비 주식시장의 가치를 측정하는 또 다른 유용한 척도는 버핏 지수다. 이 지수를 본인의 길잡이로 삼는 유명한 억만장자 금융 투자자[워런 버핏]의 이름을 딴 이 지수는 현재 실물경제의 GDP 대비 주식 전체의 화폐가치로 측정한다. 이 지수 역시 코로나19의 해에 주식시장이 '실물경제'에 비해 사상 최고치에 도달했음을 보여 준다(그림 2-5 참조).

실제로 금융 투기꾼들은 백신이 보급됨에 따라 2021년에 팬데믹이 진정되리라 기대하고 각국 중앙은행이 은행과 [금융]기관에 더욱 더 많은 융자와 현금을 계속 들이부을 것으로 예상하기 때문에 여전히 완전한 '도취' 상태에 빠져 있다. 기업 실적이 급속도로 회복돼

그림 2-6. 도취/공황 모델

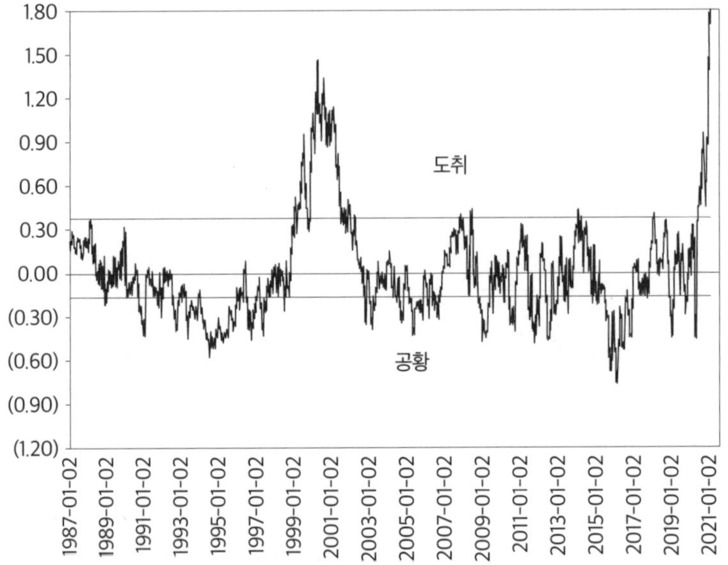

출처: Pinnacle Data, Haver Analytics and Citi Research - US Equity Strategy

현재 사상 최고치인 주가를 뒷받침할 것이라는 믿음도 있다.

씨티리서치[미국의 씨티그룹 산하 주식 리서치 기업]에는 시장 분위기 지표 여러 개를 결합해 만든 "도취/공황" 지수가 있다(그림 2-6 참조). [씨티리서치가 이 지수를 처음 만든] 1987년 이래 보통 이 지수가 '도취' 선에 접근하면 시장은 더는 증가세를 보이지 않았다. 두 번의 예외 중 한 번이 세기가 바뀔 무렵 IT 거품 때 있었는데 당시 지수는 3년여간 도취 선 윗부분에 있었고, 바로 지금이 두 번째 예외다.

이 '도취' 지수는 세계에서 가장 영향력 있는 투자은행인 골드만삭스의 관점을 보완해 준다. 골드만삭스의 전문가들은 2021년에 미국 주가가 15퍼센트 더 오를 것으로 예측한다(그림 2-7 참조).

그림 2-7. 골드만삭스가 예상하는 주식시장 추이

출처: FactSet, Goldman Sachs Global Investment Research, 2021 JAN

그러나 마르크스의 설명처럼, 금융자산 투자는 결국 실물경제 수익과 보조를 맞춰야 할 것이다. 코로나19의 해에 대부분의 기업에서 이윤이 25~30퍼센트 급감했다.

골드만삭스 등의 투자 투기꾼들은 올해[2021년] 이윤이 회복돼 가공자본의 가격이 허구[가공]가 아닌 것으로 판명 나리라고 확신하는 듯 보인다. 그렇지만 그럴 것 같지는 않다. 코로나19는 아직 끝나지 않았고 소위 '집단면역'에 필요한 수준까지 도달하려면 올해 백신 배포가 잘 이뤄져야 하며, 백신이 새로운 코로나 변종 바이러스에도 효과가 있어야 한다.

게다가 2020년의 주식시장 호황은 정말이지 소수의 기업에만 국한됐다. 코로나19의 해에 S&P500 지수는 18.4퍼센트 올랐지만 FAAAM(페이스북·알파벳·아마존·애플·마이크로소프트)과 넷플릭스의 주가는 55퍼센트 올랐다. S&P500의 성장에 이 기업들의 기여도는 14.35퍼센트로, 나머지 S&P500 기업들은 4.05퍼센트밖에 성장하지 못했다.

대부분의 기업은 2020년에 손실을 봤다. 그리고 심각한 문제에 봉착해 있는 기업들이 길게 늘어서 있는데, 대부분 500대 기업은 아니지만 500대 기업도 일부 포함돼 있다. 이 '좀비' 기업들은 수익이 매우 낮거나 적자라서, 차입 비용이 제로에 가깝더라도 기존과 신규 대출의 이자조차 충당하지 못할 정도로 수익을 내지 못하고 있다. 이런 '재무적 장애가 있는' 좀비들은 대부분의 국가에서 기업의 약 20퍼센트를 차지한다.

팬데믹이 일어나기 전부터 좀비 기업들은 기업 투자 수준이 현저하게 둔화하는 데 이바지하고 있었다. 이렇게 많은 기업이 어려움에 부닥쳐 있기 때문에, 올해 투자와 수익이 크게 늘어날 가능성은 거의 없다.

각국 중앙은행은 은행과 기업이 금융시장에 투기할 수 있도록 더 많은 '유동성'을 제공하기를 멈추지 않을 것이다. 따라서 가공자본은 계속 확장될 것이다. 엥겔스가 처음 지적한 대로 금융시장 투기는 '실물경제'의 수익성 하락에 대한 주요 상쇄 요인이니까 말이다.

그렇지만 모든 좋은 일에는 끝이 있기 마련이다. 십중팔구 2021년 하반기에는 각국 정부가 재정지출을 억제하려 할 것이고 중앙은행은 신용 펴 주기의 속도를 늦출 것이다. 그러면 [현재] 수익과 유형자본 대비 극단적으로 높은 수준인 주식과 채권 가격은 마치 요요가 소유자에게 끈이 되감겨 돌아오듯 실물자본에 고정돼 있는 현실로 되돌아올 것이다.

경기 부양책:
경제를 살릴 수 있을까?

2021년 1월 20일 조 바이든이 대통령으로 취임했다. 세계에서 가장 강력한 자본주의 국가이자 경제인 미국의 새로운 대통령이다. 바이든의 4년 임기가 시작되는 날, 도널드 트럼프는 "우리의 운동은 이제 시작일 뿐"이라고 말하고는 플로리다 사유지의 골프장으로 슬그머니 떠났다.

바이든이 넘겨받은 미국의 상태는 어떠한가? 코로나19 팬데믹은 수많은 미국인의 생명과 생계에 큰 피해를 입혔다. 몇 가지 이유로 그 영향은 훨씬 더 심각했다. 우선, 미국 정부는 다른 나라 정부와 마찬가지로 코로나19 팬데믹에 전혀 대비하지 않았다. 내가 블로그에 쓴 여러 글에서 설명했듯, 각국 정부는 아무도 면역력을 갖추고 있지 않아서 사람 목숨에 위험한 병원체가 점점 더 널리 퍼지고 있

출처: "Biden's four years", https://thenextrecession.wordpress.com (20 January 2021).

다는 경고를 받아 왔으며, 이는 코로나19 이전에 여러 번 지역적 유행의 급증으로 이어졌다. 그렇지만 대부분의 정부는 예방책(백신 연구)이나 방어책(탄탄한 보건의료 자원, 검사·추적 체계)에 돈을 쓰지 않았다. 오히려 각국 정부는 보건의료 지출을 삭감하고 민영화하고 외부 위탁을 늘려 왔다. 그리고 미국의 경우 민간 의료보험 시스템을 운영해, 상당수는 보험 보장을 전혀 받지 못하고 나머지 사람들은 거액의 보험료를 내야 했다.

그리고 미국을 포함해 영국·스웨덴·브라질 같은 많은 나라에서 정부는 코로나바이러스가 치명적이라는 사실을 인정하지 않고 사람들의 목숨을 구하기 위한 행동에 나서기를 공공연하게 거부했다. 이 정부들에게는 기업, 특히 대기업이 계속 운영되는 것이 더 중요했다. 이런 태도 때문에 봉쇄와 격리 조치가 늦어졌고, 이후에는 '약한' 봉쇄 조치를 취하는 바람에 바이러스의 확산을 억제하지 못했으며, 그러고 나서는 너무 일찍 봉쇄 조치를 완화해 재유행이 일어났다.

그래서 바이든이 취임식에서 선서를 하는 와중에도 미국은 여전히 거의 유례가 없는 수준의 코로나19 확진자와 사망자 수를 기록하고 있다. 그와 동시에 경제활동과 인구 이동은 여전히 팬데믹 이전 수준을 훨씬 밑돌고 있다. 최근 [인구 이동 추이를 분석하는] 구글 모빌리티 보고서에 따르면 미국의 경제활동은 작년 이맘때보다 여전히 20~25퍼센트 낮다(그림 2-8 참조).

실제로 GDP 손실, 조기 사망, 장기적 건강 장애, 정신 건강을 고려하면 2020년 팬데믹의 경제적 비용은 2020년 미국 실질 GDP의 80퍼센트에 달한다(그림 2-9 참조).

그림 2-8. 미국의 인구 이동과 경제활동 지수

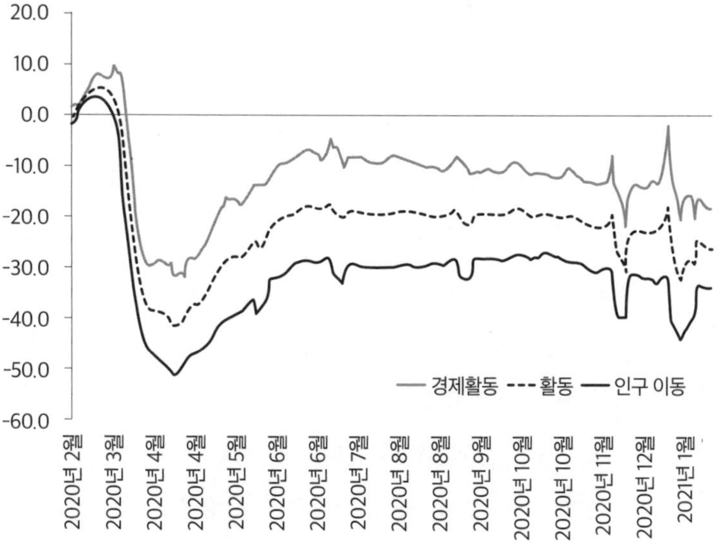

그림 2-9. 미국에서 코로나19의 비용 추정치 (단위: 10억 달러)

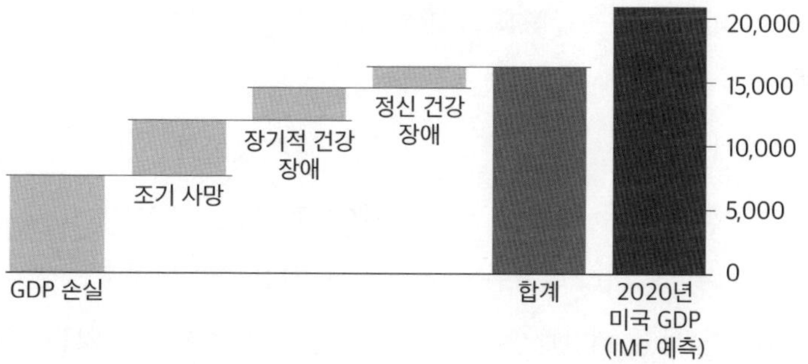

출처: Cutler & Summers, "The COVID-19 Pandemic and the $16 Trillion Virus" (Coronavirus Resource Center, 2020)

그래서 전임 트럼프 정부는 (각국의 다른 정부와 마찬가지로) 사람들의 생명도 생계도 구하지 못했다. 특히 최저임금을 받는 사람들, 대체로 재택근무를 할 수 없는 사람들, 위험한 조건에서 일하는 것과 해고 사이에서 선택을 강요받는 사람들이 큰 타격을 입었다. 이들은 주로 흑인이거나 다른 소수 인종이고 여성이며 청년이다.

전반적으로 미국 경제는 2020년에 약 4~5퍼센트 수축했다. 이는 90년 전인 1930년대 초 이래 가장 큰 규모의 수축이다! 고용이 2500만 명 넘게 감소했고, 현재 수많은 사람이 긴급 지원금과 실업 급여를 받고 있거나 방치돼 있다. 수없이 많은 미국 기업이 문을 닫았고, (언젠가 충분히 많은 미국인이 백신을 맞아서) 경기가 회복되더라도 다시 문을 열지 못할 것이다. 이 기업들은 주로 서비스 부문에 속하지만, 그에 국한되지는 않는다.

모든 증거가 고용·투자·소득에서 경제에 영구적 '흉터'가 남았음을 시사한다. 대부분의 연구를 보면, 미국 경제의 GDP는 빨라도 2022년 말까지는 2019년 수준으로 돌아가지 않을 것이며, 팬데믹 불황이 없었다면 도달했을 GDP 수준까지는 확실히 돌아가지 않을 것이다.

따라서 기대와 달리 V형 경기회복은 없을 것이며, 실제로도 세계의 주요 경제국 중 중국만이 이를 달성 중이다. 그 대신에 내가 '거꾸로 된 루트형'이라 부르는 경기회복이 나타날 수 있다. 즉, 생산량이 떨어진 이후 예전과 같은 경제성장 궤도로 회복되지 않는 것이다. 옥스퍼드이코노믹스가 미국 경제를 예측한 그림 2-10을 보면, 그때의 생산량은 영원히 사라질 것이다.

그러나 트럼프 행정부가 팬데믹 불황 때 채택한 경제정책과 바이든 행정부가 2021년과 그 이후에 계획하고 있는 정책은 과연 어떨

그림 2-10. 미국의 실질 GDP (단위: 조 달러)

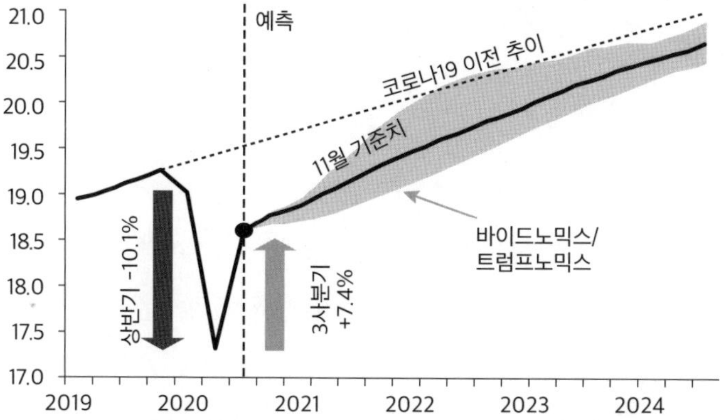

"악화하는 보건 상황과 갈수록 늘어나는 회복 부진의 증거를 고려해, 우리는 2021년에 경제성장이 더 느릴 것으로 예상한다. 우리는 미국 대선 뒤에 주요한 재정 계획이 시행될 것으로 보지 않으며, 따라서 우리의 11월 기준치는 2021년 실질 GDP 성장률이 평균 3.6%일 것으로 예상한다."(옥스퍼드이코노믹스)

출처: Oxford Economics, 5 November 2020

까? 그 정책들이 미국 경제를 '정상 상태'로 회복시키지 않을까?

2020년 연준이 국채와 회사채를 매입하고 기업에 대출을 해 줌으로써 역사상 최대 규모의 신용 투입이 있었다. 연준의 대차대조표[보유 자산]는 1년 만에 거의 2배로 늘어나 미국 GDP의 40퍼센트에 육박했으며 2021년에는 더 증가할 예정이다. 그 덕분에 기업들이 파산 위기에서 살아났는가? 글쎄, 어느 정도까지는 그렇다. 그렇지만 살아난 것은 주로 관광·자동차·화석연료 산업의 대기업이고, 많은 소규모 기업이 파산하고 있다.

금리가 제로에 가깝고 연준이 은행과 기업의 금고에 더 많은 신용을 쏟아붓는 가운데, 이런 펴 주기가 2021년에 미국 경제를 빠른 속도로 회복시키는 데 도움이 될까? 글쎄, 증거는 반대 방향을 가리킨다. 소위 '양적 완화'(여기서 중요한 것은 투입되는 신용화폐의 양이지, 그 화폐의 이자 비용을 낮추는 것이 아니다)의 역사는 이런 퍼 주기가 자본주의 경제의 생산적 부문을 회복시키지 못한다는 것을 입증해 왔다. 한 경험적 연구는 다음과 같이 결론 내린다. "이전의 일부 연구 결과와는 달리, 생산량과 인플레이션은 [양적 완화의] 영향을 별로 받지 않았고 이는 중앙은행의 계획에는 한계가 있다는 것을 입증한다." 그리고 "양적 완화가 경기 부양에 거의 영향을 끼치지 못하는 까닭은 투입된 자금이 소비와 투자보다는 금융자산의 가격 상승에 쓰였기 때문이다."

실제로 이 모든 신용 투입 이후 일어난 일은 은행과 대기업이 임금을 지급하거나 일자리를 보존하거나 투자를 늘리는 것이 아니라, 주식과 채권 시장에서 투기를 하는 데 이를 이용해 왔다는 것이다. [2020년] 3월 팬데믹 초반의 공황 상태가 지나간 이후, 미국 증시는 유례없는 정도로 흥청망청 투기를 벌여 왔다.

현재 미국 증시는 사상 최고치를 기록하고 있으며, 수익과 생산적 자산에 비해 극단적인 수준이다. 그러나 연준의 지원이 더 많아진다면 금융시장은 앞으로도 한동안 계속 상승세를 그릴 수 있다. 따라서 모든 통화정책이 해 온 일은 기업들에 생명 유지 장치를 달아 주면서 동시에 갑부들의 부를 증대시킨 것이라 할 수 있다.

미국 경제를 회복시키려는 통화정책이 효과가 없었기 때문에 주류 경제학자들은 "이제 모두 케인스주의자"가 됐다. IMF, 세계은행, OECD, 그리고 당연히 바이든 행정부도 '긴급' 재정 적자를 감수하면서 정부 지출을 늘리는 것의 장점을 강조하고 있다. 오바마 시절 연준 의장이었던 재닛 옐런이 바이든 정부에서 재무부 장관을 맡았다. 옐런은 미국 의회 인사 청문회에서 다음과 같이 분명히 말했다. "우리는 크게 행동해야" 하는데 왜냐하면 "경제학자들이 항상 동의하는 것은 아니지만, 더 많은 조치가 없다면 지금 더 길고 고통스러운 경기후퇴를 감수해야 할 것이고, 이후에는 경제에 장기간의 흉터가 남을 것이라는 데 모두의 공감대가 있다고 생각"하기 때문이다.

그래서 바이든은 2021년에 시행할 새로운 경기 부양 프로그램을 내놓았다. 바이든 경기 부양책의 주된 내용은 다음과 같다. 개개인에게 최대 1400달러까지 재난 지원금 지급, 주 정부와 지방정부의 추가 지원, 주당 400달러의 긴급 실업수당 연장 지급, 학교와 대학 정상화를 위한 재정 지원, 백신 접종과 검사·추적을 위한 재정 지원, 자녀 세액공제 확대, 최저임금 인상.

[팬데믹 이후] 총 재정 투입액이 GDP의 25퍼센트에 이르기 때문에(그림 2-11 참조), 언뜻 보기에 바이든의 경기 부양책은 (옐런의 말을 빌리자면) "크게 행동"하는 것처럼 보인다. 그렇지만 실제로는 그렇지 않다. 우선, 민주당이 이제 근소한 차이로 과반을 차지하고 있음에도 이 조처들의 다수가 의회를 통과하지 못할 수 있다. 또, 이 정도의 재정 지원도 미국의 빈곤층 2500만 명을 구제하거나 지방정부가 "수지 균형을 맞추기" 위해 일자리와 지출을 삭감하지 않도록 하는 데 필요한 것에는 턱없이 부족하다. 게다가 최저임금을 시간당 15달러로 올리더라도 평균 중위 임금보다 훨씬 뒤처진다. 그리고 바이든의 계획은 최저임금을 즉시 인상하는 것이 아니라 몇 년에 걸쳐

그림 2-11. 바이든의 경기 부양책: 재정 지원 규모 (2019년 GDP 대비 퍼센트)

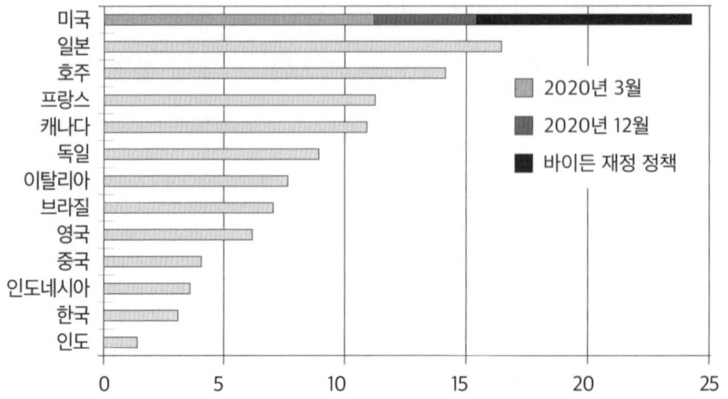

출처: Moody's Analytics

인상하는 것이다.

바이든은 "더 나은 재건 계획"이라는 포스트코로나 [경기 부양] 프로그램을 계획 중이다. 이 계획은 2조 달러의 투자 지원금을 포함하는데, 그중 많은 부분은 정부가 물품을 조달할 때 미국산을 우선 구매하고 연구·개발과 인프라 투자를 확대하는 녹색 산업 정책에 들어간다. 이 계획도 8년에 걸쳐 적용되며 제대로 시행될 경우 정부투자가 GDP의 최대 1퍼센트에 달하는 액수만큼 증가하게 된다.

그리고 여기에 문제가 있다. 평균적으로 대부분의 주요 자본주의 국가에서 정부투자는 GDP의 약 3퍼센트를 차지하는 반면, 자본가의 투자는 평균적으로 GDP의 20퍼센트가량을 차지한다. 따라서 자본주의 경제에서 투자·성장·일자리 회복은 궁극적으로 정부투자가 아니라 자본가의 투자에 달려 있다. 물론 바이든의 투자 계획이 자본 부문으로도 '흘러넘칠' 것이지만, 그 효과는 크지 않을 것이다. 대부분의 최신 연구에 따르면 실질 GDP 성장률에 대한 정부 지출

그림 2-12. 미국의 이윤율 (역사적·현재 원가로 측정)

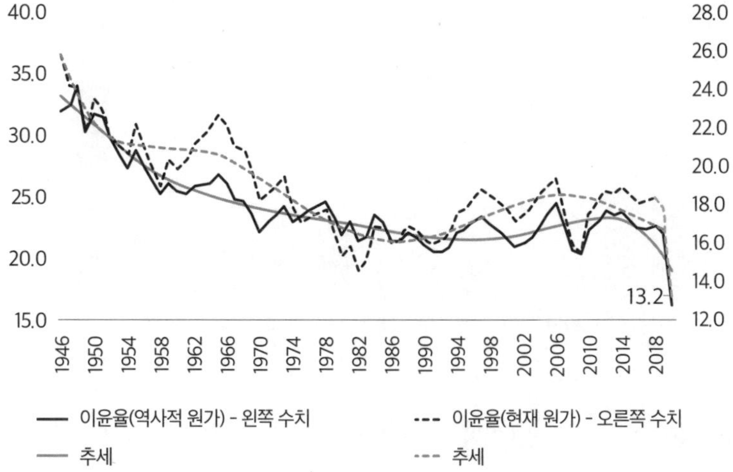

의 '승수효과'는 1퍼센트포인트를 넘지 않으며, 평균적으로는 그 절반 정도에 불과하다. 따라서 바이든의 계획은 미국의 성장에 기껏해야 1퍼센트포인트, 더 가능성 높게는 그 절반 정도의 성장률을 더할 것으로 보인다. 미국 경제의 평균 성장률이 코로나19 이전에 연간 2퍼센트 남짓이었고 1인당 성장률은 더 낮았다는 점을 감안할 때, 바이든의 투자 계획은 향후 4년간 지속해서 더 높은 수준의 실질 GDP와 고용 성장을 달성하는 데 큰 도움이 되지 않을 것이다.

문제는 미국 경제의 자본 부문이 투자를 매우 꺼리고 있고, 주된 까닭은 투자 수익성이 무척 낮아서라는 사실이다. 실제로 미국 자본의 이윤율은 1945년 이후 최저로 떨어졌다(그림 2-12 참조).

물론 2020년 팬데믹 불황 동안 아마존·구글·넷플릭스 같은 기업들이나 여타 대형 은행들이 막대한 이윤을 벌어들였다고 하지만,

그림 2-13. 미국의 좀비 부채 (단위: 조 달러)

출처: Bloomberg

FAANG이 벌어들인 이윤은 예외적인 일에 불과하다. (정부 지원금을 제외한) 기업 총이윤은 약 30퍼센트 감소했다. 또 〈블룸버그〉에 따르면 미국에서 거의 200개의 대기업이 팬데믹이 시작된 이후 소위 '좀비' 기업의 대열에 합류했다. 이제 좀비 기업들은 상위 3000대 상장회사의 20퍼센트를 차지하며, 1조 3600억 달러의 부채를 안고 있다(그림 2-13 참조). 그 말인즉 3000대 기업 중 527개가 이자 지불조차 못 하고 있을 정도라는 것이다! 따라서 앞으로 신용 경색과 금융 붕괴라는 심각한 위험이 도사리고 있는데, 아마 연준의 자산 매입 자금이 축소되는 2021년에 벌어질 듯하다.*

그리고 공공 부채의 규모와 인플레이션에 관한 논쟁이 있다. 미국

---

* 2021년 8월, 연준은 "이르면 10월부터 테이퍼링[자산 매입 축소]을 시작할 수 있다"고 밝혔고, 이는 금리 인상으로 이어질 수도 있다. 그러나 팬데믹이 지속되면서, 실제 테이퍼링이 시행되는 시점이 더 늦어질 가능성도 점쳐지고 있다.

의 공공 부문 부채는 팬데믹 동안 미국 GDP의 110퍼센트 이상으로 급증했다.

현재 형성된 여론은 다음과 같다. 첫째, 정부는 지출을 늘리고 부채 수준을 증가시키는 것 외에는 대안이 없는데, 그러지 않는다면 팬데믹 이후 경제가 회복되지 않을 것이다. 둘째, 부채 수준이 증가하더라도 별 상관이 없는데, 왜냐하면 이 부채의 이자로 지불하는 비용이 매우 낮고, 일단 실질 GDP가 회복되고 나면 정부 수입이 증가할 것이고 긴급 지출이 점점 줄어들 것이며 부채 상환 비용을 감당할 수 있을 것이기 때문이다. 제2차세계대전 이후에 그랬던 것처럼 경제는 부채 부담에서 서서히 벗어날 수 있을 것이다.

정부 부채에 대한 순이자율이 역사상 매우 낮은 수준이라는 데는 의심할 여지가 없다. 향후 연간 GDP 성장률이 2~3퍼센트일 것으로 기대되는 데 비해 순이자는 연간 GDP의 1퍼센트를 약간 넘는 수준이다. 그러나 주류 [경제학] 연구 일부는 덜 낙관적이다. 피터슨 국제경제연구소는 다음과 같이 주장한다. "금리가 오르지 않을 것이 거의 확실하다고 믿는 사람들은 자기 확신이 지나친 것이다. 저금리에 기여한 원동력은 일반적으로 예측하기 어려우며, 앞서 언급한 바와 같이 금리가 조금만 변해도 향후 경제에서 순이자가 차지하는 비중은 상당히 크게 움직일 수 있다."

표 2-1에서 알 수 있듯, 정부 부채에 대한 평균 이자 비용이 0.5퍼센트 상승하는 것만으로도 GDP 대비 이자 비중이 예상 경제성장률을 웃돌게 될 것이다. 게다가 국채의 평균 상환 기간이 줄어든다면(실제로 줄어들고 있다), 정부는 곧 기존 부채 비용을 지불하고 원

표 2-1. 미국에서 순이자가 GDP에서 차지하는 비중

	2021	2022	2023	2024	2025	2026	2027	2028	2029	2030
의회예산국 기준치 (퍼센트)	1.4	1.2	1.2	1.2	1.2	1.2	1.3	1.6	1.8	2.2
금리가 매년 0.25퍼센트 올랐을 때 (퍼센트)	1.5	1.4	1.5	1.7	1.8	2.1	2.4	2.9	3.4	3.9
기준치와의 차이 (퍼센트포인트)	0.1	0.2	0.3	0.5	0.7	0.9	1.1	1.3	1.5	1.8
기준치 대비 금리 상승 (퍼센트포인트)	0.25	0.5	0.75	1.0	1.25	1.5	1.75	2.0	2.25	2.5

출처: CBO(Congressional Budget Office), Federal Net Interest Costs: A Primer. Washington.

금을 상환하기 위해 부채를 확대하거나, 그러지 않는다면 건강보험·사회보장제도에서 정부 지출을 크게 줄이거나 십중팔구 교육·공공서비스 같은 소위 '재량 지출'을 줄이는 단계에 접어들 것이다. 긴축이 필요한지 그렇지 않은지에 관한 논쟁이 나중으로 미뤄질 가능성이 없진 않지만, 무한정 미뤄지지는 않을 것이다.

물론 현대화폐론의 주창자들은 미국 정부가 결국에는 재정 적자 운영을 중단하고 부채 증가에 대처해야 할 것이라는 의견에 강하게 반대한다. 현대화폐론 지지자들은 완전고용을 달성할 때까지 바이든이 영구히 재정 적자를 운영할 수 있고 그래야 한다고 주장한다. [그리고 다음과 같이 말한다.] 이런 적자를 충당하기 위해 매년 더 많은 국채를 발행할 필요는 없다. 정부는 계산 단위인 달러를 통제하며 모두가 달러를 반드시 사용할 수밖에 없기에, 연준은 재무부가 요구하는 대로 적자를 충당하기 위해 달러를 '찍어 내기'만 하면 된다. 완전고용과 성장이 뒤따를 것이다.

나는 현대화폐론의 주장에 어떤 결점이 있는지 다른 글에서 자세히 논의한 바 있지만,* 여기서 핵심 문제는 정부 지출이 아무리 재정 지원을 받더라도 필요한 만큼 투자와 고용의 증가를 달성할 수 없다는 데 있다. 현대화폐론을 따르더라도 투자와 일자리에 관한 의사 결정권은 여전히 자본 부문의 수중에 있기 때문이다. 투자와 고용은 대부분 국가가 아니라 자본주의의 통제 아래 있다. 그리고 내가 앞서 주장했듯, 이는 자본의 기대 수익에 달려 있다.

확고한 케인스주의 경제학자인 마이클 페티스의 말을 인용하겠다. "핵심은 이것이다. 정부가 추가 자금을 지출해서 GDP가 부채보다 빨리 늘어날 수 있다면, 정치인들은 고삐 풀린 인플레이션이나 부채 증가를 걱정할 필요가 없다. 그러나 이 돈이 생산적으로 쓰이지 않는다면 그런 걱정을 해야 한다." 왜냐하면 "화폐를 창출하거나 빌리더라도 직접 또는 간접적으로 생산적 투자를 증가시키지 않는다면, 한 나라의 부는 증가하지 않기 때문이다. … 미국 기업들이 투자를 꺼리는 것이 자본비용이 비싸서가 아니라 기대 수익이 낮기 때문이라면, … 투자를 늘리는 것으로 대응하지는 않을 것이다."

심각한 불황이 닥치면 기업이 파산하고, 실업이 증가하고, 생산수단에 대한 투자가 중단된다. 이윤 총량은 감소하지만, 비용이 하락하고 강자가 약자를 집어삼킴으로써 이윤율이 상승할 수 있는 조건이 조성된다. 오스트리아학파의 조지프 슘페터는 이를 '창조적 파괴'라고 불렀는데, 이는 마르크스가 불황이 결국에는 수익성 증가와 경

---

* 이 책의 138쪽에 실린 "현대화폐론: 돈을 찍어 경제를 살릴 수 있을까?" 참조.

제 팽창을 위한 환경을 제공하며 따라서 호황, 불황, 호황의 순환이 생긴다고 주장한 것을 모방한 것이다.

2020년의 팬데믹 불황은 1930년대 불황과 아주 비슷한데, 따라서 결국에는 수익성을 높여야만 한다. 그렇지만 1930년대 대불황을 종식시키기 위해서는 세계대전이 필요했다. 그리고 만약 연준이 생산적 투자를 희생시켜 가며 '좀비'들을 받쳐 주기 위해 기업들에 신용을 들이붓는 일을 계속한다면, 바이든 정부 아래에서 미국 경제는 [2008년] 대침체 이후 지난 10년간 지속된 저성장·저투자·저임금 경제로 되돌아갈 것이다.

그리고 바이든의 정책에 대한 환멸이 커진다면, 이는 도널드 트럼프가 "이제 시작일 뿐"이라고 말한 트럼프주의 같은 것이 되돌아오는 정치적 기반을 마련하게 될 수 있다.

3부

경제 위기 원인과 대안 논쟁

현대화폐론:
돈을 찍어 경제를 살릴 수 있을까?

경제를 바라보는 여러 좌파적 관점 중에서 현대화폐론이 최근 몇 년 사이 유행을 타고 있다. 미국 민주당 소속 신예 좌파 의원 알렉산드리아 오카시오코르테스가 현대화폐론 지지자라고 한다. 최근 현대화폐론의 한 대표적 주창자[빌 미첼]가 영국 노동당 좌파 경제학자이자 예비내각 재무부 장관인 존 맥도널을 만나 현대화폐론과 그 이론이 정책에 함의하는 바를 토론하기도 했다.

현대화폐론이 좌파 진영에서 인기를 끄는 이유는, 중앙은행 돈으로 재원을 조달해 재정지출을 늘리고 위기 걱정 없이 재정 적자와 공공 부채를 늘리는 정책을 이론적으로 뒷받침하는 것으로 보이기 때문이다. 이를 통해 정부가 인프라 사업과 일자리 창출, 산업에 돈

출처: "Modern Monetary Theory: A Marxist Critique", *Class, Race and Corporate Power*, volume 7, issue 1 (2019).

을 쓸 수 있다는 것이다. 이는 신자유주의적 주류의 긴축정책이나 정부 개입 최소화 정책과 정면으로 배치된다.

이 글에서는 현대화폐론의 가치를 평가하고 그것이 노동운동에 어떤 정책적 함의가 있는지 살펴볼 것이다. 우선 전반적 윤곽을 제시해서, 현대화폐론과 마르크스의 화폐론이 어떤 점에서 비슷하고 어떤 점에서 다른지를 뚜렷하게 드러내고자 한다.

현대화폐론은 증표화폐론이라는 사상에 기반을 두고 있다. 증표화폐론은 독일 경제학자 게오르크 프리드리히 크나프가 저서 《국가화폐론》에서 처음 고안한 용어다(이 책은 독일에서 1905년에 출판됐고 영어로는 1924년에 번역됐다). '증표화폐론chartalism'이라는 용어는 증표 또는 전표錢票를 뜻하는 라틴어 카르타charta에서 따온 것이다. 증표화폐론에 따르면 화폐는 물물교환의 난점들을 해결하기 위해 또는 부채의 차용을 입증하는 수단으로서 자연스럽게 등장한 것이 아니라 국가가 경제활동을 지휘하려고 하면서 등장한 것이다.

증표화폐론에 따르면, 일반화된 상품 교환은 역사적으로 국가가 국민에게 납세 의무를 부과해 주권 통화를 사용할 필요성을 만들 수 있게 된 후에야 등장했다. 그리고 신용/부채의 계산 단위 구실을 하는 화폐의 능력은 주권국가가 국민에게 자기 의사를 관철시킬 힘이 있다는 믿음에 근본적으로 근거를 둔다. 일반화된 상품 교환을 기반으로 하는 경제가 등장하기 전부터 화폐는 신용/부채의 계산 단위로 사용됐다. 그래서 증표화폐론은 화폐가 교환에서 생겨난 것이 아니라 부채의 계산 단위로 처음 등장했다고 주장한다. 증표화폐론은 케인스에게 상당한 지지를 받았지만, 마르크스의 관점과는 명백히 충돌한다. 마르크스는 상품 교환을 이해하지 않은 채 화폐를 분석적으로 이해하는 것은 불가능하다고 봤기 때문이다.

증표화폐론/현대화폐론과 마르크스주의 화폐론은 양립 가능하거나 상호 보완적일까? 아니면 둘 중 하나가 틀린 것일까? 나의 답을 요약하면 이렇다. 첫째, 화폐는 자본주의 이전에도 있었지만 국가로 말미암은 것은 아니다. 둘째, 국가는 화폐를 만들어 낼 수 있지만 그 가격을 통제할 수는 없다. 그래서 그 화폐의 신뢰성이 사라질 수도 있다. 셋째, 엄격한 증표화폐론은 마르크스주의 화폐론과 양립할 수 없지만, 현대화폐론은 상호 보완적 특징들이 있다.

이제 위 주장들을 자세히 설명해 보겠다.

현대화폐론과 마르크스주의 화폐론은 둘 다 내생적 화폐론이라는 점에서 상호 보완적이다. 두 이론 모두 화폐수량설을 거부한다. 즉, 인플레이션이나 디플레이션은 중앙은행이 신용화폐를 푸는지 마는지에 달려 있지 않다는 것이다. 오히려 화폐 수요가 화폐 공급을 추동한다고 본다. 즉, 은행들이 대출을 해 주는데, 이때 대출 자금을 조달하기 위해 예금과 부채가 생겨나는 것이지 그 반대가 아니라는 것이다. 그런 점에서 현대화폐론과 마르크스주의 화폐론은 화폐를 그저 실물경제에 드리운 베일[실물경제에 영향을 미치지 않는 중립적 매개물]로 치부하지 않는다. 두 이론 모두 현대 (자본주의) 경제를 철저한 화폐경제로 본다.

마르크스주의자와 현대화폐론자 모두 과거에 시카고학파의 밀턴 프리드먼 등이 제시하고 1980년대에 정부 정책을 지배했던 소위 '화폐수량설'이 틀렸다고 본다. 정부와 중앙은행은 통화량을 조절하려는 노력으로 경기순환을 완화할 수 없었다. 현재 주요 중앙은행들이 경제를 끌어올리려고 채택하고 있는 양적 완화의 우울한 성적이 이를 확인해 준다. 2008년 위기 이래로 중앙은행들의 대차대조표 규모는 엄청나게 치솟았지만 은행 신용의 성장은 그렇지 않았다. 실질 GDP 성장도 마찬가지였다.

그러나 마르크스주의 화폐론과 현대화폐론 사이에는 중대한 차이점이 있다. 자본주의는 화폐경제다. 자본가들이 화폐자본으로 시작해서 생산자본과 상품자본에 투자하면, 이 투자는 노동력 지출(과 착취)을 통해 결국 새로운 가치를 가져다주며, 이 새로운 가치가 실현되면 더 많은 화폐자본이 된다. 그래서 화폐자본에 대한 수요가 신용 수요를 추동하는 것이다. 은행은 이런 자본축적 과정의 일환으로 화폐나 신용을 창출하지만, 그런 능력 때문에 금융자본이 자본주의 생산과 별개가 되는 것은 아니다. 현대화폐론/증표화폐론은 화폐 수요가 개별 행위자의 "야성적 충동"(케인스)이나, 신용을 필요로 하는 국가(증표화폐론)에 의해 추동된다고 주장한다. 반면 마르크스주의 화폐론은 화폐 수요, 따라서 화폐의 가격이 자본축적과 자본주의적 소비의 속도에 궁극적으로 달려 있다고 본다.

화폐 이론과 역사

이는 현대화폐론 및 그 이론의 증표화폐론적 기원과 마르크스주의 화폐론 사이에 존재하는 근본적 쟁점으로 이어진다. 마르크스의 화폐론은 자본주의 생산양식에 한정된 이론이다. 반면 현대화폐론과 증표화폐론은 몰역사적이다. 마르크스가 보기에, 자본주의에서 화폐는 가치의 표현, 따라서 잉여가치의 표현이다. M—C—P—C′—M′ 도식에서 화폐자본(M, M′)은 상품자본(C, C′)과 교환될 수 있다. M이 C를 표현하고 M′이 C′을 표현하기 때문이다. 만약 교환 가능성이 상품생산에 이미 내재해 있지 않다면, 화폐가 사회적으로 필요한 추상적 노동(즉 가치)을 표현하지 않는다면, 화폐는 교환을 성사시킬 수 없을 것이다. 그런 의미에서 화폐는 교환에서 생겨나는 것이 아니다. 화폐는 교환가치, 즉 사회적 필요노동시간을 통화로 표현한다.

마르크스의 이론은 화폐가 자본주의적 상품경제에서 하는 구실을 분석한다. 마르크스의 화폐 이론은 특정한 역사적 국면을 다루는 것이지, 전체 역사를 포괄하는 화폐의 일반 이론이나 자본주의 이전 경제에서의 화폐를 다루는 것이 아니다. 따라서 설령 화폐가 징세와 부채 상환을 위한 계산 단위로서 처음 출현했다고 할지라도(증표화폐론자와 케인스주의자는 그렇다고 주장한다) 그것이 마르크스의 자본주의 화폐론을 반박하는 것은 아니다.

게다가 역사적으로, 국가 채무 때문에 화폐가 출현했다는 주장은 내가 보기에 상당히 미심쩍다. 아나키스트 인류학자인 데이비드 그레이버도 저서 《부채, 첫 5000년의 역사》에서* 그런 주장을 하는 듯하다. 그러나 믿기 어려운 주장이다. 마르크스는 상품생산이 일반화되면 자연스럽게 화폐가 등장한다고 했다. 국가는 화폐 형태를 승인할 뿐 발명해 내지는 않는다. 사실, 그레이버의 책에 인용된 존 로크

---

* 국역: 《부채, 첫 5000년의 역사》, 부글북스, 2021.

의 말이 이런 관점을 잘 요약한다. "1피트는 이제부터 12인치가 아니라 15인치라고 선언해도 작은 사람의 키가 커지지 않는 것처럼, 작은 은 조각의 명칭을 '실링'으로 바꾼다고 해서 그것이 더 가치 있게 되는 것은 아니라고 로크는 주장했다."

크나프가 증표화폐론을 표명한 그의 고전적 저작에서 주장한 바에 따르면, 역사적으로 국가는 계산 단위를 지명했고 특정한 형태로 납세가 이뤄지도록 요구해서 그 형태가 지불수단으로 통용되게 만들었다. 모든 납세자는 국가가 임의로 정한 화폐를 확보해야 했을 것이고 그러면서 통화 교환에 참여하게 됐다. 조지프 슘페터는 이런 시각을 다음과 같이 비판했다. "국가는 어떤 (서명된) 물건이나 증서나 증표를 법화法貨로 선언할 수 있고, 이를 위해 특정한 지급 증표나 전표를 세금으로 받겠다고 선언하는 것은 그 증표나 전표에 어느 정도의 가치를 부여하는 데 분명 일조한다. 크나프가 하려는 말이 단지 이런 것이라면 그는 옳지만 공허한 주장을 하는 셈이다. 국가의 그런 행위가 그 지급 증표나 전표의 가치를 결정한다는 것이 그의 취지라면 그는 흥미롭지만 틀린 주장을 한 셈이다"(《경제 분석의 역사》, 1954). 다시 말해 증표화폐론은 옳지만 너무 뻔하거나, 흥미롭지만 틀렸다는 것이다.

상품으로서의 화폐인가
아니면 무에서 만들어 낸 화폐인가?

마르크스는 자본주의에서 화폐가 크게 3가지 기능을 한다고 주장했다. 화폐는 가치를 측정하는 기준이고, 교환하는 수단이며, "화폐로서의 화폐"(부채를 상환하는 기능 등이 여기에 포함된다)이기도 하다. 가치척도 기능은 마르크스의 노동가치론에서 도출되는 것으로 이는 증표화폐론/현대화폐론과의 중요한 차이점이다. (내가 아는 한) 이들에게는 가치론이 없으며 따라서 잉여가치에 관한 이론도 없다.

사실, 현대화폐론을 주장하는 사람들은 사회·경제적 관계에서 가치를 무시하고 화폐를 우위에 놓는다. 한 현대화폐론 지지자는 마르크스의 가치론과 현대화폐론의 관계를 다음과 같이 설명한다. "화폐는 단지 민간의 가치 창출 총액을 '나타내'거나 '표현하'는 것이 아니다. 현대화폐론은 화폐의 재정적 근간과 거시 경제적 연쇄반응이 만나 생산과 분배에서 공동체가 공유하는 물질적 가능성을 실현한다고 가정한다. … 마르크스주의와 마찬가지로 현대화폐론은 가치의 근거를 공동체의 물질적 현실을 구성하고 유지하는 데서 찾는다. 따라서 개인의 선호도 게임으로 가치를 설명하는 신고전학파 효용 이론을 거부한다. 다만 마르크스주의와 달리, 화폐의 추상적인 재정적 능력과 그것이 지탱하는 매개의 위계가 가치 생산을 규정한다고 본다. 현대화폐론은 물리적 중력이 인류의 현실에 가하는 힘을 무시하지 않는다. 다만, 정치·경제 과정에서는 물리적 중력의 인과성이 부차적이라고 보며, 관념이 화폐의 피라미드형 분포 구조를 통해 실재를 규정함을 보인다."

알아듣기 어려운 저 사변적 언어를 머리를 싸매고 읽어 보면 다음과 같은 뜻일 것이다. 마르크스주의와 달리 현대화폐론에서 화폐는 마치 '중력'처럼 화폐를 제자리에 되돌려 놓는 가치법칙에 매여 있지 않으며 자유롭게 확장하고 스스로 가치를 바꿀 수 있다. 화폐가 주된 인과적 힘으로서 가치에 작용하는 것이지 그 반대가 아니다!

내가 보기에 이는 터무니없는 소리다. 1840년대에 프랑스 사회주의자 피에르 프루동이 한 주장을 되풀이하는 것이다. 프루동은 노동 착취나 자본주의 생산양식이 아니라 화폐제도 자체가 자본주의의 문제점이라고 주장했다. 마르크스는 《정치경제학 비판 요강》의 화폐를 다룬 장에서 프루동의 주장을 두고 다음과 같이 썼다. "기존 생산관계와 거기에 상응하는 분배 관계를 유통수단의 변화로 변혁할 수 있을까?" "유통 속임수를 제안해서 한편으로는 이런 사회 변화의 폭력적 성격을 피하고, 다른 한편으로는 이런 변화가 필수적으로 요구되는 것이 아니라 유통의 변화로 점진적으로 나타날 것처럼 보이게 하려는 교의"는 근본부터 틀린 것이고 자본주의의 현실을 오해한 것이라고 마르크스는 비판했다.

다시 말해, 화폐를 가치에서 분리해 자본주의를 변화시킬 주된 힘으로 삼자는 주장은 자본주의와 이윤을 위한 생산이 지배하는 사회관계의 현실을 이해하지 못하는 주장이다. 가치론이 없는 현대화폐론 지지자들은 허구적 경제 세계로 빠진다. 그 세계에서는 국가가 부채를 발행하고 중앙은행을 이용해 그 부채를 언제든지 무한정 신용으로 전환해 정부 계좌에 예치할 수 있으며, 그러면서도 실제 생산자본의 세계에 아무런 파급효과도 내지 않을 수 있다. 그러나 사태는 그렇게 간단하지 않다.

마르크스가 보기에 화폐가 화폐를 만들어 내는 것은 자본주의적 생산과정에서 노동 착취가 이뤄지기 때문이다. 새로 창출된 가치는 시장에 내놓은 상품에 담겨 있고, 실현된 가치는 화폐의 양으로 표현된다. 마르크스는 금이나 은과 같은 상품을 출발점으로 삼아서 화폐론을 전개했다. 이런 상품의 가치는 다른 상품과 교환될 수 있었다. 그래서 금의 가격 또는 가치는 모든 상품의 화폐가치의 기준이 됐다. 그러나 금 생산에 드는 노동시간이 변해서 금의 가치 또는 가격이 변하면 다른 상품들에 매기는 가격으로 표현되는 화폐가치도 변했다. 금 생산시간이 급격하게 줄어서 금의 가치가 급격하게 떨어지면 다른 상품들의 가격이 급격하게 올랐다(16세기 스페인이 라틴아메리카에서 금을 캐 왔을 때 그랬다). 그 반대도 마찬가지였다.

그다음 단계의 화폐는 금값에 고정된 종이 화폐 또는 법정화폐이며(금환본위제), 마지막 단계는 불환 화폐, 즉 '신용화폐'다. 그러나 현대화폐론이나 증표화폐론의 주장과 달리 이런 변화로 자본주의에서 화폐의 기능이나 성격이 달라지는 것은 아니다. 화폐의 가치는 여전히 자본주의적 축적 과정에서 형성되는 사회적 필요노동시간에 매여 있다. 다시 말해 상품화폐는 가치를 **갖고/담고** 있고 비상품화폐는 가치를 **표현/반영**하기 때문에 둘 다 다른 모든 상품의 가치를 측정하고 그것을 가격 형태로 표현할 수 있다.

현대 국가는 화폐와 화폐가 유통되는 체제를 재생산하는 데서 분명 중요한 구실을 한다. 그러나 현대 국가가 화폐에 행사하는 힘은 꽤 제한적이다. 슘페터가 말했듯이(마르크스도 동의할 것이다) 그 한계는 화폐의 가치를 결정하는 데서 가장 뚜렷하게 드러난다. 조폐국은 자기가 발행하는 지폐와 동전에 무슨 숫자든 찍을 수 있지만 그 숫자가 가리키는 바를 결정하지는 못한다. 그것은 주로 사기업들의 수없이 많은 가격 책정으로 결정된다. 기업들은 다른 기업들과 경쟁하는 과정에서 직면하는 비용과 수요 구조에 가장 효과적으로 대처하려고 하는 가운데 그런 결정들을 내린다.

그래서 국가가 뒷받침하는 화폐의 가치는 불안정하다. 이는 사실 증표화폐론자들도 인정하는 바다. 이들에 따르면, 국가가 불환 화폐에 가치를 부여하는 주된 방식은 자국민에게 납세 의무를 부과하고 특정한 형태(무엇인지는 중요하지 않다)로만 세금을 받겠다고 선언하는 것이다. 그런데 이 전통의 가장 활발한 필자인 랜들 레이는 조세제도가 붕괴하면 "화폐가치가 순식간에 0으로 떨어질 것"이라고 시인한다. 실제로 국가 신용도가 심각한 의심을 받으면 그 정부가 발행한 화폐의 가치가 붕괴하고 금과 같은 실물 상품이 진정한 가치 저장 수단으로서 수요가 늘어나게 된다. 지금의 금융 위기가 2007년에 시작됐을 때에도 금값이 치솟았고, 2010년 초 남유럽 국가들의 부채 위기로 상황이 악화되자 금값은 더 큰 규모로 치솟았다.

정책적 결론

나는 현대화폐론자들이 '돈은 무無에서 만들어 낼 수 있다'고 말하는 것을 자주 듣는다. "은행화폐[은행의 장부 기입 형태로 존재하는 화폐]는 경제활동의 결과가 아니다. 오히려 은행화폐가 경제활동을 만들어 낸다." 그들은 이런 말도 한다. "은행이 대출로 제공하는 돈은 대출 고객인 우리가 대출을 신청하기 전까지는 존재하지 않는다"(앤 페티포). 이런 구호에 나는 다음과 같이 짧게 답하겠다. "그렇다. 국가는 화폐를 만들어 낼 수 있다. 그러나 그것의 가격(또는 가치)을 정하지는 못한다." 화폐의 가격은 궁극적으로 자본의 운동으로 결정되며 자본의 운동은 사회적 필요노동시간에 근거를 둔다. 중앙은행이 화폐를 '찍어 내거나' 정부 계좌에 신용을 예치하면, 정부는 과세나 채권 발행 없이도 일자리와 인프라 사업 등에 필요한 돈을 마련할 수 있다는 것이 현대화폐론에서 도출되는 정책이다. 이는 민간 부문 생산의 침체가 일으킨 자본주의의 위기에서 빠져나올 '탈출구'로 제시된다.

현대화폐론자와 증표화폐론자는 민간 부문 투자를 대체하거나 늘리는 정부투자를 '무에서 만들어 낸 돈'으로 '지불'하자고 제안한다. 그러나 그 돈은 자본주의 경제의 생산 부문에서 만들어지는 가치와 아무런 연관을 맺지 못하면 가치를 잃을 것이다. 생산 부문은 사회적 필요노동시간을 결정하고 여전히 경제를 지배한다. 그 결과 가격이 오르거나 수익성이 떨어지거나 2가지가 동시에 벌어져서 결국 민간 부문 생산을 질식시킬 것이다. 이때 현대화폐론 옹호자들이 마르크스주의에서 도출되는 정책으로 나아갈 태세가 돼 있지 않다면, 즉 생산 부문의 '감제고지'와 금융 부문을 공적 소유로 빼앗아 오고 생산을 계획해 경제에서 가치법칙을 억제하고 종식시키지 않는다면, 무한한 화폐 창출로 정부 지출을 시행하는 정책은 실패로 끝날 것이다. 내가 아는 한, 현대화폐론자들은 그런 마르크스주의적 정책 결론을 애써 피하거나 무시한다. 마치 프루동처럼 자본주의의 현실을 오해하고 "유통 속임수"를 선호해서 그런 것일지도 모른다. 아니면 사실 자본주의 생산양식을 폐지하는 데 반대해서 그런 것일 수도 있다.

물론 이 모든 것은 현실에서 검증된 바 없다. 현대화폐론 정책이 실행된 적이 없기 때문이다(현대 경제의 경우 이는 마르크스주의 정책에도 해당되는 얘기다). 그래서 무한한 화폐 창출로 재원을 조달하는 투자 계획이 실제로 엄청난 물가 상승을 낳는지는 아직 알 수 없다. 현대화폐론 지지자들은 완전고용이 달성되면 '적자의 화폐화'도 끝날 것이라고 말한다. 그러나 그런 시점이 되면 민간 부문으로 하여금 중앙은행과 국가정책의 정교한 통제를 따르게 할 수 있느냐 하는 문제가 제기된다. 그럴 수 없다는 것이 역사에서 드러났다. 정부가 "그처럼 정교하게 관리하는" 방식으로 자본주의적 생산과정과 생산비를 결코 통제할 수 없다는 것도 드러났다.

주요 현대화폐론자인 빌 미첼도 그런 위험을 안다. 그는 자기 블로그에 다음과 같이 썼다. "경기후퇴에서 회복해 강하게 성장하는 경제가 있다고 해 보자. 예산 적자는 이런 상황에서도 계속 확대될 수 있다. 그런 상황에서 적자재정은 명백히 경기 순응적이다. 그럼에도 이런 재정 전략은 여전히 건전하다고 할 수 있다. 순 공공 지출이 성장을 추동하고 경제를 완전고용으로 이끌기 때문이다. 비非정부 지출이 증가해도 적자재정은 완전고용으로 가는 추세를 뒷받침한다면 적절한 것이다. **그러나 경제가 완전고용에 도달한다면 정부가 재량 지출을 늘려 명목 총수요를 더 끌어올리는 것은 부적절할 것이다. 인플레이션을 초래할 것이기 때문이다**"(강조는 나의 것).

현대화폐론은 결국 완전고용을 유지하거나 복원하기 위한 무제한적 정부 지출을 정당화하는 이론으로 귀결되는 듯하다. 그것이 현대화폐론의 유일한 임무다. 그래서 노동운동 내 좌파의 지지를 얻는 것이다. 그러나 일견 현대화폐론의 미덕으로 보이는 것이 실제로는 진정한 변화를 가로막는 더 큰 결함을 은폐한다. 현대화폐론은 자본주의 축적이 왜 발작적으로 변동하는지를 설명하지 않는다. 자본가들이 지배하는 축적 과정 내에서 그저 현명한 정부 지출로 국가가 경기변동을 완화하거나 피할 수 있다고 말할 뿐이다. 사회구조를 근본적으로 바꾸는 정책은 없는 것이다.

마르크스주의적 설명은 화폐와 신용을 자본주의 생산양식의 일부로 통합해서 설명한다는 점에서 가장 포괄적이다. 그뿐 아니라, 화폐가 자본주의 생산양식의 핵심 문제가 아니기에 금융 문제를 해결하는 것만으로는 충분치 않다는 것도 보여 준다. 그래서 어째서 케인스주의 해결책도 경제 번영을 지속시키지 못하는지를 설명할 수 있다.

유통 속임수

앞에서 설명했듯이 현대화폐론은 증표화폐론을 계승하며, 증표화폐론은 화폐를 역사적으로 국가가 창조한 것으로 본다. 그리고 화폐가 물물교환의 연장선 위에 있다는 주류 신고전학파의 주장이나, 시장과 상품생산이 등장하면서 화폐가 나타났다는 마르크스주의의 관점 —"화폐는 교환 과정에서 필연적으로 형성되는 결정체며, 그 교환 과정에서 상이한 노동 생산물들은 실제로 서로 대등하게 취급되고 따라서 상품이 된다. … 노동 생산물들이 상품이 되는 변화에 발

맞춰 특정한 한 상품이 화폐가 된다."(《자본론》 1권) — 도 거부한다.

증표화폐론이 화폐 등장의 역사를 정확하게 묘사하는지를 여기서 살펴보지는 않겠다. 그 대신 아르헨티나의 마르크스주의 경제학자 롤란도 아스타리타가 화폐의 역사에 관해 쓴 짧고 탁월한 글이 있다는 점만 언급하겠다. 아스타리타는 자기 블로그에 현대화폐론을 분석한 여러 글을 써서 올리기도 했는데, 나도 그의 주장 일부를 가져다 쓸 것이다. 여기서는 오로지 자본주의 이전의 경제에서 국가가 한 구실 때문에 화폐가 출현했다는 주장이 사실에 근거한 것이 아님을 밝히는 것으로 충분할 것이다.

어쨌든, 현대화폐론은 (자본주의적 상품 관계가 아니라) 국가가 화폐가치를 결정한다는 신념에서 출발한다. 주요 현대화폐론자인 랜들 레이는 화폐의 가치가 상품에서 오는 것이 아니라, "그 화폐로 세금을 받고자 하는 국가의 의지"에서 온다고 주장한다. 증표화폐론의 창시자 크나프는 다음과 같은 말들을 했다. "화폐는 법의 창조물이다." "새로운 가치 단위로 지급수단을 명명하는 것은 국가의 권한을 자유롭게 행사하는 것이다." "현대 화폐제도에서는 [국가의 — 지은이] 선언이 항상 최고 권위를 갖는다." 따라서 현대 화폐제도는 "행정적 현상"에 지나지 않는다.

케인스도 증표화폐론의 이런 시각을 지지했다. 케인스는 저서 《화폐론》에서 다음과 같이 쓴다. "증표화폐, 즉 국가화폐는 국가가 당면 시점에 어느 계산화폐를 화폐로 간주할지를 선언할 권한을 갖게 될 때 출현한다." 따라서 "계산화폐[가격 계산 단위로서의 화폐], 특히 부채, 가격, 일반 구매력을 표현하는 계산화폐는 화폐론의 기본 개념이다."

현대화폐론을 다룬 나의 첫 블로그 글에 달린 어떤 댓글의 주장과 달리, 나는 여기에서 현대화폐론이 케인스의 주장을 조야하게 뒤틀었다고 생각하지 않는다. 국가가 모든 거래의 계산 단위를 결정하므로 국가가 화폐를 창조했다는 데서 현대화폐론과 케인스는 오히려 의견이 일치한다.

그러나 계산 단위(예를 들어 달러나 유로)를 결정하는 것이 곧 그 단위가 거래에서 나타낼 가치, 즉 그것이 측정하거나 저장하게 될 가치를 결정하는 것은 아니다. 현대화폐론은 화폐에 관해 '내생적' 접근법을 취한다고 한다. 즉, 기업가의 투자 결정과 가계의 소비 결정에 의해서, 또 그런 투자와 소비를 위해 은행이 대출을 제공해서 화폐가 생겨난다고 본다. 은행이 대출을 해 줌으로써 화폐를 만들어낸다는 것이다(물론 그 화폐의 발행사는 국가다). 대출금은 대출받은 사람들의 계좌에 예치되며, 대출받은 사람들은 납세를 통해 국가에게 돈을 돌려준다. 현대화폐론에 따르면 은행이 대출을 해 준 다음 예금이 납세에 의해 소진되는 순서인 것이다. 단순하게 보면 현대화폐론은 은행과 화폐의 작동 방식을 있는 그대로 묘사하기만 하는 듯하다. 많은 현대화폐론자도 그렇게 말한다. "그저 현실을 말하는 것일 뿐이라니까."

그러나 현대화폐론은 단지 묘사에 그치지 않는다. 현대화폐론은 국가가 화폐를 세금으로 받으려고 화폐를 창출한다고 주장한다. 국가는 국민에게 납세를 강제할 수 있으며, 화폐 구실을 할 법정 지불수단의 성격을 규정할 수 있다. 그러므로 화폐는 국가의 산물이다. 그래서 현대화폐론은 다음과 같은 화폐순환을 제시한다. 국가화폐—기타(비국가기구들)—세금—국가화폐. 국가는 민간 부문에 화폐를 주입한다. 그러면 화폐는 징세를 통해 재흡수된다. 머리가 모자라는 우리가 보기에는 화폐 발행과 징세가 서로 다른 길로 이어지는 선택지 같지만, 현대화폐론에 따르면 그 둘은 같은 순환 안에서 다른 시점에 벌어지는 행위일 뿐이다. 따라서 국가가 재정 적자를 내서 세금으로 걷는 것보다 더 많이 지출하면, 비국가 부문이 잉여를 갖게 되고 그것을 이용해 더 많이 투자하고 소비하고 고용할 수 있게 된다. 이렇듯 적자재정은 화폐를 더 많이 창출해서 그 재원을 마련할 수 있는 것이다. 세금은 국가 지출에 들어갈 재원을 마련하기 위해서가 아니라 화폐 수요를 만들어 내기 위해 필요한 것이다.(그 화폐로 세금을 내야 하기 때문이다!)

그러나 현대화폐론이 제시하는 순환은 자본가와 가계가 보유한 화폐가 겪는 일을 보여 주지 않는다. 현대화폐론에서는 순전히 국가의 권능으로 화폐(에 해당하는 가치 M)가 더 많은 화폐(M′)로 불어난다. 마르크스가 보기에는, 자본주의적 생산으로 가치가 늘어난 상품을 더 많은 화폐를 받고 파는 과정이 있어야만 M이 M′으로 늘어날 수 있다. 현대화폐론은 이 단계를 무시한다. 현대화폐론이 제시하는 순환은 국가에서 시작해서 비국가 부문으로 간 다음 다시 국가로 돌아온다. 그러나 이는 인과관계를 잘못 짚은 것이다. 자본주의의 순환은 화폐자본가에서 시작해 노동 착취와 축적을 통해 다시 화폐자본가로 돌아온다. 그런 다음 그들이 국가에 세금을 내는 것이다. 현대화폐론은 이를 간과한다. 그렇지만 마르크스가 제시한 순환은, 화폐가 자본주의에서 이뤄지는 경제활동에 외생적이지 않음

[즉, 바깥의 요인에 의해 자율적으로 결정되는 것이 아님]을 보여 준다. 국가는 화폐의 가치를 통제하지 못한다.

현대화폐론은 이 모든 과정이 정부에서 시작해서 정부로 끝나는 듯한 환상을 만들어 낸다. 그러나 이 과정은 금융 시스템을 포함한 자본 부문[민간 부문]에서 시작한다. 징세는 화폐를 파괴할 수 없다. 논리상, 세금은 민간 부문 생산에 어느 정도 지출이 이뤄진 다음에야 생겨나는 것이기 때문이다. 세금은 민간 부문이 지출하고 정부가 그 세금을 걷어 일부 자원을 국가로 돌리기로 할 때 발생한다. 민간 부문이 자원으로 수입을 얻고 자원에 지출하는 것이 세금에 선행한다.

또 다른 증표화폐론자인 파블리나 체르네바는* 다음과 같이 쓴다. "화폐 발행을 국가가 독점하기 때문에 정부는 화폐의 가치를 결정하는 직접적 수단을 틀어쥐고 있다고 증표화폐론자들은 주장한다. 크나프에게는 통화로 이뤄지는 지불이 일정한 값의 가치 단위를 측정한다는 점을 명심하라. 예를 들어 고성능통화** 1단위를 얻고자 하는 자는 1시간 노동을 제공해야 한다고 국가가 정하면, 그 화폐는 정확히 1시간 노동의 가치를 갖게 될 것이다. 화폐 발행을 독점한 국가는 고성능통화를 획득할 수 있는 조건을 정해서 통화의 가치를

---

* 국내에 번역 소개된 파블리나 체르네바의 저서는《일자리보장: 지속가능사회를 위한 제안》(진인진, 2021)이 있다.

* 고성능통화 민간(은행과 개인)이 보유한 화폐와 금융기관이 중앙은행에 예치한 지급준비금의 합계. 통화량 증감의 원천이 되는 돈으로 본원통화라고도 한다.

결정할 수 있다." 체르네바가 말하는 국가의 "외생적 가격 책정" 정책은 19세기 공상적 사회주의자인 존 그레이의 주장과 매우 닮았다. 존 그레이도 노동시간을 나타내도록 외생적으로 가격을 매긴 채권을 발행해서 경제가 성장과 완전고용을 이루도록 하자고 주장했다. 마르크스는 이런 관점을 비판한 바 있다.

케인스주의식 적자 재정지출과 달리 현대화폐론은 경제를 끌어올리고 모든 자원을 가용하려면 정부 적자가 상시적이어야 한다고 본다. 이런 식으로 국가는 "최후의 고용주"가 된다. 실제로 현대화폐론 지지자들은 실업을 자본주의 내에서 해결할 수 있다고 주장한다. 그 주장에 따르면 사적 자본에 기반을 둔 사회구성체는 바꾸지 않아도 된다. 화폐를 창출해 '재원을 조달하는' 국가 지출로 완전고용을 유지할 수 있다는 것을 정치인들과 경제학자들이 그저 인정하기만 하면 된다.

현대화폐론을 지지하는 체르네바는 다음과 같이 쓴다. "증표화폐론자들이 제안하는 완전고용 정책에서 국가는, 경제에 중대한 영향을 미치는 가격을 외생적으로 정한다. 그러면 그 가격은 다른 모든 가격의 기준이 된다. … 이 제안은 국가가 운영상의 재정적 제약을 받지 않으며, 실업은 통화 발행을 제한한 결과이고, 국가는 외생적으로 가격을 책정할 수 있다는 인식에 근거를 둔다." 이런 정책적 결론은 다소 역설적이다. 고정된 가격으로 통화를 "외생적으로" 발행함으로써 완전고용을 달성할 수 있다고 보기 때문이다. 그런데 현대화폐론은 화폐량의 외생적 증가가 경제활동을 촉진한다는 통화주의 주장을 거부하는 것으로 유명하다. 현대화폐론 또한 외생적 화폐론을 견지하는 듯하다!

정설 케인스주의자인 컬런 로시가 지적했듯이 "현대화폐론은 불필요한 재분석에 공연히 공을 들이고는, 일자리가 없는 것이 정부의 잘못(이고 암암리에 나머지 사회 전체의 잘못)이라고 주장한다. … 여기서 현대화폐론은 국가를 출발점 삼아 논의를 전개해서 인과관계를 거꾸로 제시한다." 로시는 이어서 다음과 같이 지적한다. "올바른 인과관계는 민간 자원이 필연적으로 세금에 선행한다는 것이다. 매우 생산적이고 수익을 내는 민간 부문이 없으면 정부가 창출한 자산은 특별할 것이 없으며 그 자산의 가치가 유지되는 것은 말 그대로 불가능하다. 실제 재화와 서비스가 생산되고, 부채 대비 자산의 시장가치가 생산적 산출을 통해 커질 때, 비로소 순자산이 생겨나는 것이다. 순자산을 무에서 그저 '찍어 낼' 수 있다는 주장은 완전히 비논리적이고 어리석기 짝이 없다. 논리상 정부 부채는 그것을 만들어 낸 사회의 부채다. 전체적으로 보면 정부 부채는 그 사회의 생산적 산출로 그 재원을 마련해야 한다."

내가 현대화폐론에 관해서 처음 쓴 블로그 글에 달린 한 댓글은, 현대화폐론 지지자들이 무에서 돈을 만들어 낼 수 있다고 주장한다는 내 서술에 의문을 제기했다. 현대화폐론을 왜곡하는 처사라는 것이었다. 현대화폐론이 실제로 하는 주장은 정부 지출이 경제활동을 북돋아 더 많은 세입을 얻어서 자체적으로 재원을 마련할 수 있다는 것이라고 말이다. 나는 실제로 "무에서 돈을 만들어 낼 수 있다"고 언급하는 경제학자들을 인용했건만, 이들은 진정한 현대화폐론 지지자들이 아닌가 보다. 글쎄, 영국의 세금 전문가이자 경제학자인 리처드 머피는 분명 현대화폐론 지지자다. 그에 따르면 현대화폐론이 첫째로 말하는 바는 "정부가 마음대로 무에서 화폐를 만들어 낼 수 있다는 것이다. … 그리고 모든 정부 지출의 재원은 사실 이런 식으로, 즉 중앙은행들이 정부를 대리해 만들어 낸 화폐로 마련된다. … 따라서 논리적으로 현대화폐론은 정부의 경제활동에서 징세 후 지출이라는 것은 없다고 주장한다. 오직 지출 후 징세만이 있을 수 있다." 마찬가지로 스테퍼니 켈턴은 현재 가장 많은 관심을 받는 현대화폐론 경제학자다. 켈턴에 따르면, 정부는 경제의 생산자원을 모두 이용하는 데 필요한 지출 수준이 얼마가 되든 정부 돈으로 그만큼 지출을 늘릴 수 있다. 그런 지출은 "자체적으로 재원을 조달"하기 때문이다.

화폐가 가치를 갖는 것은 그것을 뒷받침할 가치가 생산 부문에 있기 때문이다. 정부 지출은 그 가치를 만들어 내지 못한다. 오히려 어떤 정부 지출(군비 등)은 가치를 파괴하기도 한다. 화폐에 신뢰성을 부여하는 것은 생산 부문의 가치다. 애초에 정부의 채무에 신뢰성을 부여하는 것은 민간 생산 부문의 국내 생산과 수익이다. 그런 신뢰성이 없으면 그 국가의 통화는 빠르게 신뢰를 잃을 수 있다. 베네수엘라와 짐바브웨에서 그런 것처럼 말이다. 심지어 최근[2018년]에는 터키도 그랬다.

다시 컬런 로시를 인용하겠다. "생산적 산출이 필연적으로 세금에 선행해야 한다. 그런 점에서 생산적 산출이 화폐를 추동한다고 보는 것이 적절하다. 생산적 산출이 붕괴하면 아무리 많은 군인을 동원해도 세금을 받아 낼 수 없다. … 그러므로 여기서 중요한 점은 정부 지출에 실제로 제약이 있다는 것이다. 그 나라 민간 부문의 생산적 산출의 양과 질이 정부 지출을 제약한다. 또, 민간 부문이 만들어 낼 수 있는 소득의 양과 질이 정부의 지출 능력을 제약한다." 로시의 글은 케인스주의의 용어로 쓰여 있다. 그러나 "소득"이나 "산출"을 "가치"로 바꾸면 마르크스주의의 용어로 요점을 이해할 수 있다.

마르크스의 화폐론은 화폐 수요를 만들어 내는 것이 자본 부문이며, 화폐가 교환 수단이자 가치의 저장소 구실을 한다고 본다는 점에서는 내생적 접근에 부합한다. 은행이 대출을 해 줘야 예금이 생기는 것이지 그 반대가 아니다. 사실 마르크스의 화폐론은 현대 화폐론보다 더 일관되게 내생적이다. 화폐가치를 결정하는 데서 국가의 '외생적' 구실이 아니라 자본주의적 축적 과정이 (은행·시장과 함께) 가장 중요하다고 보기 때문이다. 아스타리타가 지적했듯이 "화폐에 관한 마르크스주의적 접근법과 증표화폐론적 접근법의 근본적 차이는 바로 이 하나의 쟁점을 둘러싼 것이다. 마르크스의 시각에서 화폐는 사회관계로 볼 때만 이해할 수 있다. 증표화폐론적 접근법에서 화폐는 본질적인 사회적 규정이 결여된 술책이다. … 이런 접근법은 자본주의 사회의 진정한 기반을 이루는 생산적 노동과 노동 착취의 중심성을 '카펫 아래에 숨겨' 버린다."

국가는 발행된 화폐의 가치를 마음대로 정할 수 없다. 그 이유는 매우 간단한데 국가가 자본주의 경제에서 지배적이거나 전능하지 않기 때문이다. 경제를 지배하는 것은 자본주의 기업·은행·기관이며 이들은 이윤과 수익성을 근거로 의사 결정을 내린다. 따라서 이들은 상품과 화폐의 가치를 내생적으로 추동한다. 마르크스가 말한

가치법칙에 따르면, 가치는 전반적인 상품(재화와 서비스)의 생산, 즉 평균적 노동생산성과 기술 수준, 노동강도에 의한 상품생산에 소요되는 사회적 필요노동시간으로 결정된다. 국가는 이런 현실을 무시하거나 뛰어넘지 못한다.

이것은 현실이다. 간단한 경험적 증거를 들어 보겠다(현대화폐론자들은 하지 않는 일이다). 현대 경제, 특히 미국·영국이나 G7처럼 현대화폐론자들의 관심의 초점인 나라들의 경제(이들은 소위 신흥국 경제에 관해서는 별로 말하지 않는다)에서 정부 지출은 GDP의 30~50퍼센트에 해당한다. 그러나 그중 정부투자는 GDP의 3~5퍼센트에 지나지 않는다. 반면 자본 부문의 투자는 15~25퍼센트이고 가계 지출은 55~70퍼센트를 오르내린다. 미국의 국내 보유 국채는 민간 부문 순자산의 4퍼센트에 불과하다.

나는 정부 지출과 실업의 관계를 간단히 경험적으로 분석해 봤다. 현대화폐론에 따르면 경제에서 정부 지출 비중이 커지면 실업이 줄어든다. 그런데 경험적 증거는 정반대를 보여 준다!(그림 3-1 참조) 프랑스는 정부 지출이 GDP의 55퍼센트를 넘지만 일본은 39퍼센트, 미국은 38퍼센트다. 그러나 세 나라 중에서 실업률이 가장 높은 나라는 어디일까? 프랑스는 9퍼센트, 일본은 2.4퍼센트, 미국은 4퍼센트다. 정부 지출 비중이 높은 선진 자본주의 경제국들은 실업률이 더 높았다. 자본주의 경제의 실업 수준은 국가 지출 부족이 아닌 다른 데 원인이 있음을 보여 준다.

이렇듯 국가의 [부채] 발행은 경제와 고용을 끌어올리는 주된 힘이 아니다. 물론 현대화폐론자들은 때때로 바로 그게 문제라고 말한

그림 3-1. OECD 국가들의 실업률과 GDP 대비 정부 지출 (단위: 퍼센트)

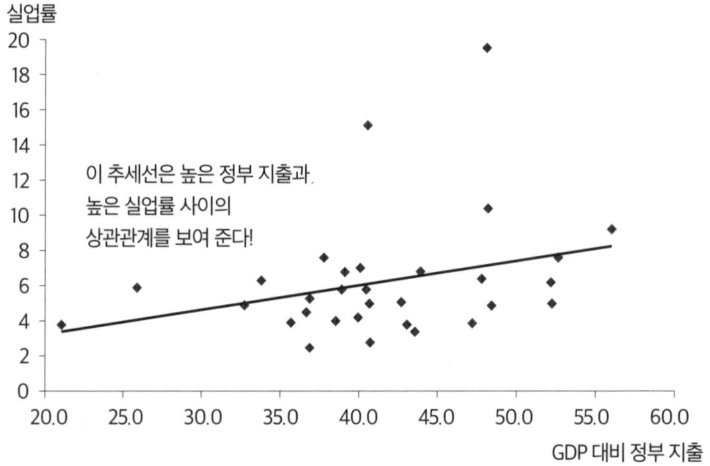

다. 그냥 정부 지출, 특히 투자를 늘리고 "화폐 발행"으로 재원을 조달하면 국가는 휘청거리는 자본축적을 외생적으로 우회하거나 극복할 것이라고 말한다. 그러나 그러면 현대화폐론자들이 한사코 무시하는 문제, 즉 좋든 싫든 간에 현대 경제를 굴리는 것은 국가화폐가 아니라 자본 부문이라는 문제가 제기된다.

현대화폐론자들은 정치인들이 현대화폐론을 받아들이지 않는 바람에 국가가 국가화폐 발행에 기대어 필요한 만큼 지출하도록 내버려 두지 않는 것이 현대 경제에서 실업이 발생하는 유일한 이유라고 말한다. 이는 현실적인가? 이는 확실히 케인스나 마르크스의 관점은 아니다. 케인스는 자본가들의 투자가 부족해서 실업이 생긴다고 봤다. 마르크스도 같은 말을 했다(물론 산업예비군은 자본주의적 축적에서 나타나는 자본[으로의] 편향의 결과이지만 말이다). 마르크스와 케인스의 차이는 무엇이 투자의 변동을 낳느냐 하는 것이었다. 마르크스는 이윤율이라고 답했고, 케인스는 "야성적 충동"이나 "기업들의 자신감"이라고 답했다. 둘 다 자본주의에 난 균열을 봤다. 케인스는 그 균열이 금융 부문에 있다고 했고, 마르크스는 자본주의 전체가 그렇다고 했다. 반면 현대화폐론은 그저 국가가 화폐 발행을 늘리도록 내버려 두지 않은 것이 문제라고 한다!

그러나 아마도 가장 핵심적일 비판이 하나 더 있다. 현대화폐론이 제시하는 화폐순환에는 자본 부문이 빠져 있고 국가와 '비국가'만이 있기 때문에, 현대 경제에서 생산과 투자가 주기적으로 침체하는 원인과 과정에 관해 아무것도 말해 주는 바가 없다. 이 문제에서 현대화폐론자들은 정설 케인스주의자들과 견해가 같다. 침체가 벌어지는 이유는 아마도 "유효수요"나 "야성적 충동"이 부족해서일 것이며, 자본주의적 생산양식의 모순과는 아무 관련이 없다는 것이다. 그런데 현대화폐론자들에게 이는 별로 의미 있는 문제가 아니다. 정설 케인스주의자인 폴 크루그먼과 마찬가지로 현대화폐론자들에게도 불황의 원인이 무엇인지는 중요하지 않으며 중요한 것은 정부 지출로 불황에서 빠져나오는 것이다. 다만 크루그먼은 국채를 발행해서 현명한 정부 지출을 하자고 하고, 현대화폐론자들은 화폐를 발행해서 정부 지출을 하자고 하는 것이다.

나를 구닥다리라 불러도 좋다. 그러나 내가 생각하기에 과학은 어떤 일의 원인이 무엇인지를 찾아내야 그 진가를 발휘해, 그것을 예방할 조처가 무엇일지 더 잘 이해할 수 있게 해 준다(질병을 막는 백신이 그런 예다). 정부 지출이 통할 것이라는 막연한 희망은 과학적이지 않다. 실제로 마르크스주의 경제학자들의 많은 연구는 자본의 수익성에 균열이 있다는 점을 보여 준다. 반복되는 위기를 가장 설득력 있게 설명해 주는 것은 수요 부족이나, 공공 지출을 깎는 긴축도 아니고 바로 이런 수익성의 위기다. 이는 이 이윤 추구 화폐경제를 완전히 갈아 치우는 조치가 필요하다는 것을 함축한다.

실업과 경제 위기는 현대화폐론의 주장과 달리 화폐 발행이라는 간단한 해결책으로 끝낼 수 있는 것이 아니다. 현대화폐론은 마르크스가 말한 "유통 속임수"에 의존한다. 현대화폐론은 "유통 속임수를 제안해서 한편으로는 이런 사회 변화의 폭력적 성격을 피하고, 다른 한편으로는 이런 변화가 필수적으로 요구되는 것이 아니라 유통의 변화로 점진적으로 나타날 것처럼 보이게 하려는 교의"다.

현대화폐론은 내생적 화폐론을 자처하지만, 실제로는 국가의 화폐 발행에 기초한 외생적 화폐론이다. 비국가 부문의 생산적 경제활동, 특히 자본 부문의 수익성과 상관없이 화폐 발행을 통해 정부 지출을 완전고용에 필요한 만큼 무한정 확대할 수 있다고 주장한다. 현대화폐론에 따르면 자본주의는 "유통 속임수"로 구원받아 조화로운 성장과 완전고용을 달성할 수 있다. 현대화폐론은 노동을 착취해 이윤을 내는 사회관계를 간과하거나 은폐한다. 그 대신 엉터리 묘약을 팔아서 노동운동을 근본적 변화에서 멀어지는 방향으로 이끈다.

자본주의의 안전장치

더 나은 일자리를 만들어 내면서도 인플레이션을 초래하지 않기 위해 현대화폐론자들이 제안하는 정부 정책은 무엇인가?

2008~2009년 대침체 이래로 좌파 경제학자들은 신자유주의 주류 경제학을 논박하려 해 왔다. 신자유주의 주류 경제학은 균형예산을 짜고 높은 수준의 공공 부채를 줄이라고 촉구한다. 이 신자유주의적 관점에서 도출된 긴축정책으로 복지가 삭감되고, 공공서비스가 축소되고, 실질임금이 동결되고, 실업이 증가했다. 당연히도 노동운동은 은행과 자본주의가 실패한 대가를 노동자들에게 치르게 하는 이런 정책들을 되돌리기를 바란다.

흔한 대안은 전통적 케인스주의다. (연간 적자예산으로) 정부 지출을 늘리면 자본주의 경제에서 유효수요를 진작해 일자리를 만들고 임금을 올릴 수 있다는 것이다. 이 대목에서 현대화폐론이 끼어든다. 주요 현대화폐론자인 랜들 레이가 말했듯이 현대화폐론은 케인스주의적 재정 부양 정책에, "주권을 가진 정부는 자신의 통화가 바닥날 수 없다"는 이론적 주장을 보탠다. 국가는 (달러든 유로든 페소든) 계산 단위 선정을 독점하고 있기 때문에 얼마든지 필요한 만큼 화폐를 창출하고 그것을 '비국가'기구들에게 유통해서 수요를 늘리고 일자리와 수입을 가져다줄 수 있다. 주요 현대화폐론자이자 버니 샌더스의 보좌관인 스테퍼니 켈턴은 다음과 같이 말한다. "통화 발행자는 화폐가 바닥날 수 없다. 달러·페소·루블·엔 등을 언제든 찍어 낼 수 있기 때문이다."

그래서 적자재정(그리고 공공 부문 부채 증대)은 문제가 아니다. 그리고 자본주의 경제에는 거의 언제나 '느슨한' 부분, 즉 실업과 유휴 자원이 있기 때문에 수요를 자극할 여지가 늘 존재한다. 그런 여지는 단지 자본 부문이 이 부분을 다시 넘겨받을 때까지 일시적으로 존재하는 것이 아니라(케인스주의 정책에서처럼), 상시적으로 존재한다. 이는 노동운동 내 좌파에게 매우 매력적으로 들린다. 건드리기 쉽지 않은 자본 부문을 손대지 않고도 정부 지출을 무제한 늘리고 적자예산을 편성해서 완전고용을 달성할 수 있다는 것을 이론적으로 뒷받침해 주기 때문이다. 국가는 돈이 떨어질 수 없다는 간단한 사실을 정치인들과 정부가 인식하기만 하면 된다.

현대화폐론자들이 이런 이론적 전제를 근거로 삼아 내세우는 주요 정책은 이른바 '국가 일자리 보장제'다. 일자리를 원하거나 필요로 하는 사람에게 정부가 일자리를 보장해 주자는 것이다. 정부는 그들을 정부 사업에 고용하거나, 그들이 일자리를 얻을 수 있도록 돈을 준다. 대부분의 사람들이 자본주의 기업이나 정부에서 일한다 해도 실업자는 존재하고 노동력의 상당한 부분을 차지할 수도 있다. 그래서 정부가 "최후의 고용주"가 돼야 한다는 것이다. 자본주의 기업들을 대체하자는 것은 아니다. 다만 자본이 고용하지 못한 노동연령 인구를 정부가 맡아 주자는 것이다. 랜들 레이는 "그저 노동자들을 위한 완충재고 정책을 펴자는 것"이라고 말했다. 이는 정부가 자본주의에 제공하는 백스톱(backstop, 안전장치)이라고 할 수 있다 (요즘 영국과 유럽연합의 브렉시트 협상을 지배하고 있는 말인 '백스톱'에서 따온 말이다).

호주의 주요 현대화폐론자인 빌 미첼은 일자리 보장제 도입을 위해 쉴 새 없이 활동해 왔다. 그는 그 정책을 다음과 같이 묘사한다. "이 정책은 무제한적 공공고용 정책으로, 일하기를 바라지만 일자리를 구하지 못하는 사람이면 누구에게든 (최저) 생활임금 일자리를 제공한다. … 일자리 보장제로 제공되는 일자리는 사람들을 '밑바닥에서 고용'할 것이다. 최저임금으로 고용해 시장 부문의 임금구조와 경쟁하지 않게 한다는 것이다. 사람들을 '꼭대기에서 고용'해 생산 능력을 최대한 가동하려 했던 구식 케인스주의 정책과 달리 일자리 보장제는 시장과 경쟁하지 않기에 인플레이션 경향을 피할 수 있다."

모두에게 일자리를 보장한다니 멋진 일 같다. 그러나 '생활임금'(기본적 삶을 영위할 만큼의 임금)을 주는 일자리는 아닐 것이다. "시장 부문의 임금구조와 경쟁"하지 않기 위해 '최저임금'만을 주는 일자리일 것이다. 다시 말해 아마존이나 월마트 같은 기업들, 소규모 소매점이나 레저산업은 일자리 보장제에 영향을 받지 않고 노동자들에게 여전히 (최저임금이나 거기에 근접하는) 매우 낮은 임금을 줄 수 있을 것이다. 일자리 보장제에서는 더 적은 임금을 줄 것이기 때문이다.

그래서 일자리 보장제는 민간 부문에 안전장치를 제공하는 구실을 한다. 민간 부문을 대체하는 것은 아니다. 빌 미첼은 다음과 같이 말하기도 한다. "정부는 민간 부문이 고용하지 못한 노동자들을 흡수할 완충재고 일자리를 운영한다. 그 일자리 재고는 민간 부문 활동이 줄어들면(확대되면) 확대된다(줄어든다). 일자리 보장제가 이런 완충 기능을 하는 것은 경기변동에 따르는 비용을 최소화하기 위해서다. 그래서 정부는 민간 부문에서 밀려난 노동자들을 끊임없이 고용으로 흡수한다. '완충재고' 일자리에 고용된 사람들은 나라 경제에서 임금의 하한으로 규정된 최저임금을 받을 것이다."

어떤 면에서 일자리 보장제는 보편적 기본소득론을 떠올리게 한다. 보편적 기본소득도 일하지 않는 사람들에게까지 기본소득을 지급해서 자본주의의 안전장치 같은 구실을 한다. 일자리 보장제는 일하기를 바라는 사람들에게 최저임금을 제공한다. 그러나 두 정책 모두 자본 부문의 임금구조나, 고용조건과 고용 여부를 결정하는 자본의 힘을 위협하거나 대체하려는 것이 아니다. 미첼이 말했듯이, "민간 부문 임금구조에 충격을 주지 않고 안정적 물가 상승률을 유지하려면, 일자리 보장제 임금은 최저임금 수준인 것이 최적이다."

어떤 종류의 일자리가 보장될 것인가? 그 제도의 정의상 숙련직은 아닐 것이다. 사람들을 "밑바닥에서 고용"할 것이기 때문이다. 그보다는 도로나 교량 건설 같은 유용한 비영리사업일 것이다. "도시재개발 사업이나 기타 환경·건설 계획(재조림, 해안사구 안정화, 사방사업 등), 노인 돌봄, 그 밖의 지역사회 사업 등을 포함한 사회적으로 유용한 여러 활동. 예컨대, 창작 예술가들은 순회공연을 하며 공교육에 기여할 수 있다."

이 목록을 읽으면 1930년대 미국에서 루스벨트가 추진한 뉴딜 정책이 떠오른다. 당시 루스벨트 정권이 설립한 공공사업진흥국WPA 산하에서 많은 실업자가 교량·공항·댐·우체국·병원을 짓고 끝없이 이어지는 도로를 까는 등 정부가 재원을 대는 다양한 공공사업에 투입됐다. 이들이 얻는 수입은 매우 기본적인 수준이었다. 이것으로 대불황기의 치솟는 실업 문제가 해결됐을까? 글쎄, 1933년에 실업률은 25퍼센트에 달했는데 1938년에는 19퍼센트였다. 큰 성공을 거두지는 못한 것이다. 현대화폐론자들은 루스벨트가 상시 적자를 내지

그림 3-2. 독일의 실질임금과 1인당 실질 GDP (1992년 = 100)

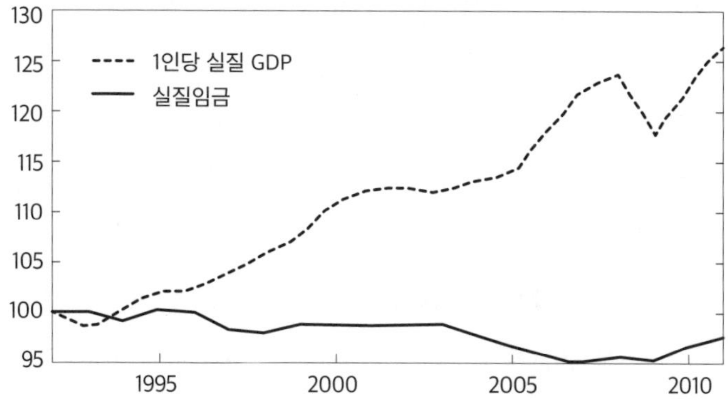

않고 정부 예산을 계속 균형예산으로 맞추려고 해서 효과가 없었던 것이라고 말할 것이다.

일자리 보장제는 기껏해야 최저임금 일자리를 제공하는 것이다. 이는 2000년대 초 독일이 도입한 악명 높은 하르츠 '개혁'을 떠오르게 한다. 이 정책은 실업자들에게 극도로 낮은 임금의 일자리를 제공했다. 실업률은 줄었지만 실질임금이 정체했다(그림 3-2 참조). 1990년 독일 통일 이래 실업 수준은 최저이지만, 일자리가 있는 독일인의 9.7퍼센트가 여전히 빈곤선(한 달 소득 940유로[약 126만 원]) 아래에 있다. 실제로 이런 '워킹 푸어'(노동 빈곤층) 비중은 2006년의 7.5퍼센트에서 계속 상승해 왔고 유럽연합통계청 자료에 따르면 유럽연합 평균인 9.5퍼센트를 넘어서기까지 했다.

현대화폐론에 근거를 둔 끝없는 정부 지출 정책의 또 다른 문제점은 인플레이션이다. 국가는 통화를 통제·발행할 수 있고 통화가 바닥나지 않을지도 모르지만, 기술·노동조건·숙련도·노동강도를 지배하는 것은 자본 부문이다. 다시 말해 국가는 아무리 화폐를 찍어 내더라도 노동생산성(실제 가치)을 통제하지는 못한다. 따라서 경제는 완전고용 시 노동생산성과 노동력 규모의 제약을 받는다. 생산을 더 늘릴 수 없을 때 정부가 계속 화폐를 찍어 내면 상품 가격 인플레이션이나 투기적 금융자산 인플레이션 또는 둘 다 벌어질 것이다.

현대화폐론자들도 이 문제를 안다. 빌 미첼은 다음과 같이 말한다. "임금-가격 압력이 인플레이션 국면을 예고하는 수준으로 민간 부문의 활동이 과열되면 정부는 통화·재정 정책(가급적 재정 정책) 설정을 조정해서 민간 부문 수요를 줄일 수 있다." 다시 말해 전통적 주류 방식으로 정부가 지출을 줄이거나, 세금이나 금리를 올린다는 것이다. 랜들 레이는 다음과 같이 말했다. "해법은 완전고용이 달성되면 더 많은 지출을 피하는 것이다. 병목현상을 피하려면 완전고용이 달성되기 전부터 지출 수준을 신중하게 정해야 한다."

이는 결국 전통적인 케인스주의적 거시 경제 관리로 돌아가는 것이다. 그리고 그것은 1970년대에 처참하게 실패한 바 있다. 당시 자본주의 경제국들은 스태그플레이션을 경험했다. 즉 인플레이션과 실업이 동시에 벌어졌다. 이런 일은 자본주의 경제에서 인플레이션과 실업이 국가의 통제 아래 있지 않고, 자본의 수익성과 자본가들의 투자 결정에 달려 있기 때문에 벌어지는 일이다. 현대화폐론은 자본주의적 투자와 고용의 안전장치를 제공할 뿐 대안을 제공하지는 않는다.

국내의 인플레이션이 그 나라의 수출을 억제하는 경우 현대화폐론자들은 통화 변동을 내버려 두자고 말한다. 자본 통제나 통화 시장 개입은 없다는 것이다. 랜들 레이는 [방송 인터뷰에서] "저라면 달러가 변동하도록 내버려 둘 것입니다" 하고 말했다. 미국은 그래도 될 수 있다. 미국의 통화인 달러는 국제 준비 통화이며, 다른 나라와 기업도 사업을 하려면 달러를 확보해야 하기 때문이다. 그러나 더 작은 자본주의 경제국, 특히 소위 '신흥' 경제국은 미국과 형편이 다르다. 페소·리라·볼리바르를 통화로 쓰는 나라들이 자본주의 생산이 붕괴하는 상황에서 완전고용을 유지하려고 끝없이 자국 통화를 찍어 내면 그 결과는 하이퍼인플레이션일 것이다. 그리고 이 통화가 아무런 통제 없이 변동한다면 그 가치는 곤두박질칠 것이다. 터키·아르헨티나·베네수엘라 등이 그런 사례다.

이것이 보여 주는 바는 현대화폐론이 굉장히 미국·호주 중심의 이론이며, 케인스주의 이론·정책과 마찬가지로 세계 대부분의 경제국에서는 가능하지 않은 정책을 처방한다는 것이다. 국가는 통화 발행은 지배할 수 있을지도 모르지만, 그 통화가 다른 통화나 세계화폐인 금과 비교해 지닐 가치는 지배할 수 없다. 통화의 가치가 통화 보유자나 잠재적 통화 구매자에게 의심을 받으면 통화가치는 붕괴할 것이고 이는 인플레이션에 부채질을 할 것이다.

노동운동 지도자들은 [신자유주의] 주류의 정책인 긴축에 반대한다. 그러나 자본주의 경제 관계를 무너뜨리는 정책은 원하지 않는다. 너무 무섭고 위험하며 "현실적"이지 않아 보이기 때문이다. 그래서 자본주의를 위협하지 않으면서도 긴축을 되돌릴 수 있는 것으로 보이는 케인스주의적 적자재정 같은 정책들을 선호하는 것이다. 현대화폐론은 상시적 적자재정을 뒷받침하는 새로운 이론적 근거를 제시한다. 국가가 계산 단위인 화폐를 지배하기에 정부 지출에는 한계가 없으며 공공 부채 증가는 걱정거리가 아니라는 것이다. 유일한 한계는 자원이 바닥날 때이고 그런 상황에서는 인플레이션이 뒤따를 수 있으며, 그러면 세금을 올리면 된다고 한다.

이런 식으로 현대화폐론은 자본주의의 안전장치 구실을 한다. 국가는 최후의 고용주이지만 주요 고용주는 아니다. 현대화폐론의 목표는 자본주의 생산의 실패를 땜질하는 것이지, 자본주의 생산을 갈아 치우는 것이 아니다.

케인스주의:
긴축의 진정한 대안이 될 수 있을까?

근래 긴축정책에 반대하는 많은 주장은 케인스주의적이었다. 이것을 보면, 마치 마르크스주의적 분석은 2008~2009년 대침체와 뒤이은 장기 불황의 원인과 대안을 설명하는 데 별 기여를 하지 않은 것 같다.

내 생각에 자본에 반대하는 사람들이 케인스주의 이론에 의존하는 것은 문제다.

먼저 경제학에 케인스가 핵심적으로 기여한 부분을 살펴보자. 케인스는 거시 경제가 중요하다고 강조했다. 그러면서 그가 제출한 국가 수입과 지출에 관한 일련의 공식을 보면, 국민소득은 국민지출과 같다. 그리고 국민소득은 이윤과 임금의 합이고 국민지출은 투자와

출처: "What's wrong with the Keynesian answer to austerity?", *Socialist Review* 379 (April 2013)를 편역.

소비의 합이라고 한다. 그래서 이윤과 임금을 더한 것은 투자와 소비를 더한 것과 같다. 임금을 모두 소비에 사용한다고 가정하면, 이윤과 투자는 같아야 한다.

여기서 케인스는 투자가 이윤을 창출한다고 말한다. 그렇다면 무엇이 투자를 낳을까? 케인스는 개별 기업인의 주관적 결정이라 말한다. 무엇이 그들의 결정에 영향을 미칠까? 케인스는 [기업인의] "야성적 충동"이나 투자 수익에 대한 여러 기대 때문이라고 답한다.

이윤이 투자에 의존한다는 이런 생각은 앞뒤가 바뀐 것이다. 마르크스주의자들은 투자가 이윤에 의존하고, 이윤은 자본의 노동력 착취에 의존한다고 본다. 그래서 마르크스주의는 개별 인간 행위에 대한 정신분석이 아니라 특정한 형태의 계급사회에 기반해 객관적 인과관계를 분석한다.

만약 투자가 이윤에 의존한다면, 이윤이 증가하지 않으면 투자는 증가할 수 없다. 그래서 이제 자본주의적 투자는 이윤을 직접 만들지 않는 투자, 즉 정부투자를 제한하는 것에 의존하게 된다. 케인스주의 정책의 결론과 반대로, 자본주의는 더 많은 정부 지출이 아니라 더 많은 정부저축이 필요하다.

그러나 케인스주의자들은 이윤이 아니라 생산량을 위주로 본다. 그들은 경제에서 정부 지출이 변화하면 소비와 국민 생산량에 변화가 일어나기 때문에 정부 지출이 삭감되면 GDP가 낮아진다고 주장한다. 이것이 이른바 재정 승수다.

케인스주의의 세계적 권위자 폴 크루그먼은 블로그에 "유로존의 긴축 경험을 보면 아주 커다란 케인스 효과를 확인할 수 있다"고 썼다. IMF도 그리스 정부가 지출을 삭감(16퍼센트)할수록 실질 GDP는 그보다 더 많이 하락(19퍼센트)했다며 같은 주장을 했다.

그러나 케인스주의가 말하는 이 승수효과를 떠받들기 전에 몇 가지 확인할 것이 있다. 먼저 IMF가 제시한 증거는 확실할까?

〈파이낸셜 타임스〉의 분석을 봐도 그렇지 않다는 것을 알 수 있다. "〈파이낸셜 타임스〉가 IMF의 작업을 재현해 보니 … 대상 국가나 시기를 바꾸면 바로 승수효과가 사라진다는 것을 알 수 있었다. … 그리스와 독일을 제외하고 계산하면, 승수효과가 크다는 IMF의 결론은 통계적으로 무의미하다. IMF는 자신의 결과가 일반적 특징을 보여 주는 것처럼 발표했지만 실제로는 특정 기간에만 나타난 현상이다. 2010년 재정 적자 규모 전망치는 … 2010년이나 2011년의 경제성장을 예측하는 데 도움이 안 됐다."

또, 과거의 케인스 승수효과를 분석해 보면, 시기에 따라 재정 승수가 크게 달라진다는 것을 알 수 있다. 그래서 IMF도 "선진국 경제에서 2009년까지 30년 동안 평균 재정 승수가 0.5에 가깝다"고 인정했다. 정부 지출과 세금의 변화가 30년 동안 경제성장에 거의 영향을 미치지 못했다는 뜻이다.

인과관계

그러나 또 다른 쟁점이 있다. 인과관계다. 케인스주의는 무엇이 원인이고 무엇이 결과인지 말하지 않는다. 경기후퇴가 적자와 부채를 키워서 정부를 긴축으로 내몰까 아니면 그 반대일까? 확실히, 긴축이 2008~2009년 대침체를 유발한 것은 아니지만, 대침체는 긴축으로 이어졌다. 크루그먼의 대답은 다소 설득력이 없는데, 그 함의는 긴축이 원인이고 성장률 저하와 경기 수축은 그 결과라는 것이다.

이와 반대로, 대규모 재정 적자와 높은 부채가 GDP 성장을 불안정하게 만든다고 주장하는 긴축주의자들의 연구도 엄청나게 많다. 공공 부채 비율이 더 빠르게 줄어들수록 지속 가능한 성장으로 더 빨리 돌아갈 수 있다는 것이다.

경기후퇴가 높은 부채를 유발하기 때문에 부채를 줄이는 유일한 길은 경기를 부양하는 것뿐이라는 케인스주의자들의 설명이나, 높은 부채가 경기후퇴를 유발하기 때문에 성장을 회복하는 유일한 길은 부채를 줄이는 것뿐이라는 긴축주의자들의 설명은 모두 증거가 없다.

나는 1998년 이래 일본·미국·유로존의 GDP 대비 재정 적자와 실질 GDP 성장을 비교해 봤다. 대다수 경제학자가 지적하듯, 1998년은 일본 당국이 케인스주의적 정부 지출 정책에 집중하기 시작한 해다. 효과가 있었을까?

1998~2007년 일본의 평균 재정 적자는 GDP의 6.9퍼센트였지만 실질 GDP 성장률은 고작 평균 1퍼센트였다. 같은 기간 미국의 재정 적자는 GDP의 2퍼센트로 일본의 3분의 1도 안 됐지만, 실질 GDP 성장률은 연 3퍼센트로 일본의 3배였다. 유로존의 재정 적자는 심지어 더 적어서 GDP 대비 1.9퍼센트였다. 그러나 실질 GDP 성장률은 여전히 평균 2.3퍼센트로 일본의 2배 이상이었다. 2002~2007년의 신용 호황 기간에도 일본 정부는 미국이나 유로존보다 GDP 대

비 훨씬 많은 돈을 지출했지만 실질 GDP 성장률은 가장 낮았다.

케인스주의는 지출(수요)을 늘리거나 줄이는 것이 소득(GDP)에 미치는 영향을 측정한다. 그러나 마르크스주의는 이윤이 자본주의적 투자에 미치는 영향을 분석하고, 그다음에 투자가 고용·임금·소비에 미치는 영향을 분석한다. 지출과 GDP 성장이 투자 이윤율에 종속되지 그 반대가 아니다. 마르크스주의는 이윤율 변화를 측정하고 나서 그것이 투자와 성장에 미치는 영향을 측정한다.

마르크스주의적으로 오늘날의 경제를 분석하는 것이 옳다면, 정부가 지출과 세금을 늘리거나 줄이는 것이 이윤율을 높이거나 낮추는지를 따져 봐야 한다. 정부 지출이 이윤율에 영향을 미치지 못한다면 정부 지출을 늘려 GDP를 잠깐 올린다 해도 더 긴 저성장과 경기후퇴로 돌아갈 것이다.

정부 지출을 늘려 주로 사회부조와 복지에 투자하면, 자본 부문에 부담이 되고 새로운 가치를 창출하지 않기 때문에 이윤율을 낮출 것이다. 정부가 교육과 의료 같은 공공서비스(인적 자본)에 주로 투자하면, 장기적으로 노동생산성을 높일 수도 있지만 이윤율을 높이는 데는 도움이 안 될 것이다. 정부가 인프라에 주로 투자하면, 그 계약을 맺는 자본 부문의 이윤율은 높아질지도 모른다. 그러나 그 비용을 이윤에 더 높은 세금을 매겨 조달한다면 전체적으로 이윤율은 올라가지 않는다. 심지어 노동자 임금에 더 무거운 세금을 매기고 다른 정부 지출을 삭감해 정부 재정을 마련한다 해도, 지출이 노동 대비 자본 비율이 낮은 부문으로 가는 경우에만(인프라 사업에서는 흔하지 않다) 전반적으로 이윤율이 높아질 것이다. 정부가 지출 비용을 빌려 온 돈으로 마련하면, 금리가 올라 이윤율 회복을 제한할 것이다. 그러므로 정부 지출이 늘어난다고 이윤율이 높아진다는 아무런 보장이 없고, 그 반대가 더 사실에 가깝다.

마르크스주의적 예측

이제, 앞에서 내가 케인스 승수효과가 성장에 미치는 영향을 알아보기 위해 다뤘던 시기[1998~2007년]를 마르크스주의 관점으로 살펴보자. 1997년 이후 이윤율은 대다수 선진 자본주의 나라에서 하락하기 시작했다. 마르크스주의적 분석으로는 투자 성장률이 떨어지고 GDP 성장도 느려질 것이라고 예측할 수 있었다. 1998년부터 가벼운 경기후퇴가 온 2001년까지 4년 동안 미국의 실질 투자 성장률은 평균 6.1퍼센트였는데 그 기간에 미국 정부 재정은 흑자였고, 실질 GDP 성장률은 한 해 3.6퍼센트였다. 그러나 2001년의 경기후퇴 이후 2002~2007년 신용 호황 동안, 미국의 실질 투자 성장률은 한 해 2.2퍼센트로 낮아졌다. 정부는 GDP 대비 평균 3.6퍼센트에 달하는 재정 적자를 유지하며 돈을 풀었지만, 실질 GDP 성장률은 평균 2.6퍼센트로 낮아졌다. 유럽도 같은 상황이었다.

경제의 생산적 부문에 대한 자본주의적 투자의 추이 변화는 더 흥미롭다. 1998~2001년 생산적 부문에서 미국 실질 투자는 1년에 7.2퍼센트씩 올랐으나 2001~2007년에는 그 절반인 평균 3.5퍼센트씩 올랐다. 유럽도 같은 상황이었다. 정부 지출을 늘리는 것이 자본주의 경제에서 장기적으로 투자나 경제의 성장을 이끌 것이라는 어떤 증거도 없는 듯하다. 반대 증거가 더 많다.

내 말을 오해하지 말기 바란다. 그렇다고 긴축이 옳다는 것은 아니다. 라트비아와 에스토니아 같은 나라들을 언급하면서 긴축이 옳다고 한 (연봉 47만 달러에 세금도 내지 않는) IMF 총재 크리스틴 라가르드의 주장은 정말 헛소리다. 이 동유럽의 조그만 자본주의 나라들은 다른 나라보다 사정이 약간 나을 뿐이다. 그것도 [‘구제금융’을 받은] 그리스보다 훨씬 더 거대한 규모의 재정 지원을 받았기 때문이다. 에스토니아는 예산의 대략 20퍼센트를 유럽연합의 기금으로 충당한다. 스웨덴 등의 북유럽 은행들이 에스토니아 은행들을 소유하고 있어서 구제금융을 받은 은행이 없고, 수출은 압도적으로 (대체로 상황이 훨씬 좋은) 스칸디나비아반도에 하고 있다. 그리고 애초에 정부 부채가 높지 않았다.

긴축재정 때문에 이들 경제가 호전된 것이 아니다. 노동권을 파괴해서 고용주들의 이윤이 늘어난 것이다. [그 결과] 꽤 많은 사람들이 일자리를 찾아 다른 유럽 지역으로 떠나서, 숙련 노동자가 사라졌다. 1991년에 라트비아 인구는 270만 명이었는데, 최근 인구조사 결과를 보면 인구가 200만 명으로 떨어졌다. 실제로는 이보다 더 적을 것이다.

영국 정부는 긴축에 매달리지만 효과를 보지 못하고 있다. 그러나 긴축이 영국 경제 침체의 유일하거나 주요한 원인인 것은 아니다. 경제가 성장하지 않는 진정한 원인은 영국 자본주의의 ‘불로소득’ 경제가 실패한 것이다. 경제의 생산적 부문에서 생산성이 침체하고 투자는 붕괴했다. 자본 소유자들이 현금을 쌓아 놓고, 해외로 보내거나 금융자산을 구입하고 있다. 그러나 투자는 하지 않고 있다. 그래서 실물경제는 침체하고, 자본 부문이 지배하기 때문에 관료들은 아무것도 할 수 없다.

영국 기업들이 국내에서 투자하지 않는 이유는 기업의 수익성이 여전히 2007년 고점보다 훨씬 낮기 때문이다. 훨씬 더 의미심장한 것은 경제의 생산적 부문인 제조업의 이윤율이 1997년부터 계속 하락하고 있고, 1990년대 초 경기후퇴 이래로 보지 못한 저점을 치고 있다는 점이다.

그러면 장기 불황에 대응하는 올바른 정책은 무엇일까? 마르크스주의자들은 자본주의 생산이 충분한 이윤을 만드는 데 실패한 것이 경제 위기의 근원이라고 본다. 그래서 수익성을 회복하기 위해 낡거나 '죽은' 자본(고용인, 오래된 기술, 수익성 없는 약한 자본주의 기업)을 충분히 파괴하고 모든 것을 다시 시작할 수 있을 때까지 자본주의는 약화할 것이다. 그러려면 이런 장기 불황 속에서 또 다른 커다란 불황이 필요할 것이다.

케인스주의적 정부 지출이 노동계급의 고통을 일부 완화할 수도 있고 정부투자가 새로운 일자리를 창출하는 데 도움이 될 수도 있다. 그러나 이것은 이윤율을 증가시키는 것이 아니라 희생시켜야 가능할 것이다. 자본주의가 사회적 생산의 지배적 형태인 한, 정부 지출 증가는 자본주의적 회복을 앞당기는 것이 아니라 지연시킬 것이다. 장기 불황을 끝장내고 또 다른 커다란 불황을 피하고 싶다면, 자본주의 생산양식을 끝내고 민주적으로 통제되고 계획되는 사회적 생산으로 대체해야 한다.

데이비드 하비: 이윤율 저하 경향의 법칙이 경제 위기를 설명 못 하나?

먼저, 데이비드 하비가 자신의 미출간 논문의 초안을 보내 주고 그 논문이 다룬 쟁점을 토론·논쟁하도록 한 것에 감사한다.[1] 쟁점은 간단하다. 자본주의 생산에서는 반복적·주기적 위기가 일어나 생산·고용·소득의 급격하고 지속적인 하락을 초래하는데, 마르크스의 '이윤율 저하 경향의 법칙'이 위기의 주되거나 궁극적인 원인인가 아닌가? 하비는 자신의 논문에서 이윤율 저하 경향의 법칙은 위기의 유일한 원인이기는커녕 주된 원인도 아니라고 결론지었다. 그래서 이윤율 저하 경향의 법칙은 마르크스주의 경제 위기 이론의 토대가 될 수 없다는 것이다. 나는 이에 반론을 펴겠다.

출처: "Monomania and crisis theory: a reply to David Harvey", http://davidharvey.org (18 December 2014).

이윤율 저하 경향의 법칙은 다수의 견해가 아니다

하비는 다음과 같은 말로 자신의 논문을 시작한다. "마르크스주의자들의 경제 위기 설명의 근저에 이윤율 저하 경향의 법칙이 있는 경우가 흔하다." 글쎄, 나 같은 사람들은 그렇지만, 사실 대다수 마르크스주의자는 그렇지 않았고 지금도 그렇지 않다. 마르크스의 이윤율 저하 경향의 법칙을 자본주의에서 주기적으로 일어나는 호황·불황과 관련지어 보는 견해는 다수였던 적이 없다. 마르크스 사후 초기 마르크스주의자들인 카우츠키·레닌·부하린·룩셈부르크·힐퍼딩과 스탈린주의 경제학자인 바르가는 이윤율 저하 경향의 법칙을 마르크스주의 위기 이론의 핵심으로 보지 않았다.[2] 사실, 1920~1930년대에 이르러서야 헨리크 그로스만과 폴 매틱이 이윤율 저하 경향의 법칙을 주장하기 시작했다.[3]

제2차세계대전 종전 이후(적어도 1970년대 이후)에는 이윤율 저하 경향의 법칙을 위기 이론의 기초로 삼는 마르크스주의 경제학자가 늘었다(데이비드 야페, 굴리엘모 카르케디, 마리오 코고이 등).[4] 그럼에도 이윤율 저하 경향의 법칙을 중시하는 견해는 여전히 소수였고(폴 스위지와 폴 바란을 보라[5]) 지금도 그렇다. 하비를 포함해 오늘날 가장 저명한 마크르스주의 경제학자들은 이윤율 저하 경향의 법칙을 받아들이지 않는다(미셸 아글리에타, 제라르 뒤메닐, 미셸 위송, 우노 코조, 이토 마코토, 리처드 울프 등).[6] 전 세계의, 특히 유럽과 미국의 혁명적 마르크스주의자들도 대부분 위기를 마르크스의 이윤율 저하 경향의 법칙과 관련지어 보지 않는다.[7]

실제로, 2011년 3월 런던대학교 아시아·아프리카대학SOAS의 마르크스주의 학자 코스타스 라파비차스는 제라르 뒤메닐(그도 이윤율 저하 경향의 법칙을 위기의 주요 원인이나 유일한 원인으로 보지 않는다)과 대화하며 다음과 같이 주장했다. 이윤율 저하 경향의 법칙을 위기의 유일한 원인으로 지목하는 이런 견해는 "앵글로·색슨학파" 마르크스주의 경제학자들이 최근에 만들어 낸 것이고, "고전적 전통"이었던 적이 없다고 말이다.[8] 그로스만이나 매틱 또는 이와 관련해서 코고이나 카르케디를 "앵글로·색슨"으로 볼 수 있을지 의문이다. 어쨌든 나는 분명 앵글로·색슨이다.

마르크스의 이윤율 저하 경향의 법칙을 위기 이론의 토대로 보지 않는 견해가 더 많다는 사실을 볼 때 안와르 셰이크, 프레드 모즐리, 굴리엘모 카르케디, 앤드루 클라이먼, 앨런 프리먼, 믹 브룩스, 피터 존스, 에스테반 마이토, 세르히오 카마라, 타피아 그라나도스, 후안 마테오, 그리고 내가 최근에 수행한 연구들이 어느 정도 관심을 끌었다는 점은 고무적이다.[9] 그래서 하비가 이윤율 저하 경향의 법칙을 기초로 한 마르크스주의 위기 이론이 "마르크스주의적 상상의 대표 주자처럼 돼 있"으니 허물어 버려야 한다고 결심하게 된 것이다. 나와 같은 입장의 사람에게는 이보다 더 큰 찬사가 없을 것이다.

유일한 인과관계

최근에 한 마르크스주의 경제학자는 이윤율 저하 경향의 법칙만을 위기의 원인으로 보는 "편집증적" 집착에 빠져 있다고 나를 비난

했다.[10] 그리고 여전히 대다수 마르크스주의자는 자본주의에서 위기가 시기에 따라 원인이 다를 수 있다고 본다. 사실 하비도 자신의 논문 말미에 다음과 같이 썼다. "많은 마르크스주의자처럼 나도 위기의 원인을 하나로만 설명하는 이론은 있을 수 없다고 본다." 뒤메닐은 주요 위기들(1890년대 위기, 1930년대 위기, 1970년대 위기, 2008~2009년 대침체)에는 각각 다른 "국면적"(하비의 표현) 원인이 있었다고 생각한다.[11] 이와 마찬가지로 리오 패니치와 샘 긴딘도 최근에 상을 받은 자신들의 책에서 각 위기의 기원은 모두 다르다고 주장한다.[12]

이런 절충적이고 국면적인 견해에 나는 먼저 다음과 같은 카르케디의 말로 응수하겠다. "어떤 마르크스주의 저술가들은 특히 이윤율의 경향적 저하 같은 것을 '단일 원인론적' 설명이라며 거부한다. 그 대신, (위기는 모두 자본주의의 '속성'이라는 점을 제외하면) 모든 위기에 통용되는 단 하나의 타당한 설명이란 존재하지 않으며 위기는 시기와 맥락에 따라 상이한 형태로 나타난다고 주장한다. 그렇지만 이렇게 손에 잘 잡히지 않고 신비스러운 '속성'이 상이한 위기의 상이한 원인으로 나타난다면(그 '속성'이 무엇인지 여전히 모르는 상태에서), 그 상이한 원인들이 모두 어디서 비롯했는지를 알지 못한다면, 위기 이론이라는 것은 없게 된다."[13]

카르케디는 계속해서 다음과 같이 주장한다. "위기가 반복되고 그 원인이 모두 다르다면, 그 서로 다른 원인들은 서로 다른 위기를 설명할 수는 있을 테지만, 위기의 반복을 설명할 수는 없다. 위기가 반복된다면, 서로 다른 위기의 서로 다른 원인으로 반복해서 나타나는 공통의 원인이 있을 수밖에 없다. 위기를 일으키는 '유일한 인과관계'를 피할 방도는 없다."

'유일한 인과관계'라는 말은 조금 지나치기는 하다. 그보다는 이렇게 말하는 편이 낫겠다. 즉, 위기를 설명하는 마르크스주의 이론은 사건의 겉모습과 직접적 원인 이면의 본질적이고 궁극적인 원인을 밝혀야 한다고 말이다. 뉴턴이 중력과 작용·반작용의 영향을 받는 지구 위 물체들의 움직임에서 그 근본 원인을 가려낸 것과 같은 방식으로 우리는 위기의 근본적이고 궁극적인 원인을 가려내야 한다. 그러나 동시에 위기를 '촉발'하는 요인은 따로 있을 수 있음을 인식해야 한다. 즉, 위기는 주식시장 붕괴(1929년)나 주택 시장 거품 붕괴(2007년)나 상품 가격의 급격한 상승(1974년 유가 폭등)으로 시작될 수 있다. 그렇지만 이것들은 각각의 상이한 '국면적' 사건 속의 위기 촉발 요인일 뿐이다.[14]

《자본론》은 '일반적'(또는 '추상적') 논의에서 시작해 구체적 논의로 한 발 한 발 나아간다.[15] 이 점이 사활적으로 중요하다. 주류 부르주아 경제학의 방법이 저지르는 가장 큰 잘못이 사물의 겉모습만 보고 본질을 보지 않는 것이기 때문이다. 물론 본질에만 머물러서는 안 되고 경제 비평에 살을 덧붙여 가며 그 겉모습까지 설명할 수 있어야 한다.

마르크스의 이윤율 저하 경향의 법칙은 우선 이윤을 경제 전체의 잉여가치로 다룬 뒤에 그것이 '기업 이윤', 지대, 이자로 나뉘는 것을 다룬다. 후자는 《자본론》 3권의 말미에야 나온다. 그렇다. 하비가 말했듯이 마르크스의 《자본론》은 심지어 3권조차 대부분 '자본 일반'

(자본이 노동에게서 잉여가치를 뽑아 내는 것)이라는 추상 수준의 논의로 돼 있는 것이다. 이는 마르크스가 자본주의의 핵심 운동 법칙들을 이끌어 내고자 했다는 매우 합당한 이유 때문이었다. 그 법칙들은 축적을 추동하고 자본주의 자체의 몰락 가능성을 담고 있는데, 그중 이윤율 저하 경향의 법칙이 가장 중요하다. 마르크스는 '다수 자본', 즉 자본가들 사이의 경쟁과 잉여가치 분배를 다룬 뒤에야 신용, 이자 낳는 자본, 국가를 다뤘다.

하비는 마르크스의 이윤율 저하 경향의 법칙이 "특정 전제 조건 아래에서 도출된다"고 주장한다. 나중에 그는 그 전제 조건들이 "드라콘의 법" 같은 것이라고 했다. 곧, 제약이 너무나 심해서 실재나 현상과 별 관련이 없다는 뜻이다. 그런데 모델이나 법칙은 그것의 전제 조건이 충족되는 한 언제나 옳다. 중요한 것은 마르크스가 이윤율 저하 경향의 법칙을 위해 세운 전제 조건들이 매우 현실적이라는 점이다. 그 전제 조건은 단 2가지로 요약할 수 있다. 첫째, 노동력만이 가치를 창출한다. 둘째, 자본은 더 많은 가치를 축적해야 하는데, 보통 자본의 유기적 구성을 높임으로써만 그럴 수 있다.

자본의 유기적 구성은 노동력의 가치(임금) 대비 생산수단(또는 자산)의 가치의 비율이다. 시간이 지날수록 이 비율은 상승한다. 그렇다고 해서 꼭 임금이 떨어지는 것은 아니다. 임금이 오를 수도 있지만, 생산수단의 가치는 더 빨리 오를 것이다. 노동이 가치를 창출한다. 자본주의가 확장해서 전 세계로 뻗어 나감에 따라 시간이 지날수록 자본의 유기적 구성은 상승할 것이다. 마르크스가 세운 전제 조건은 이 2가지가 전부인데, 내가 보기에 현실적이다.

하비의 주장과 달리, '완전경쟁'은 마르크스의 이윤율 저하 경향의 법칙의 전제 조건이 아니다. 또 하비의 주장과 달리, 축적 과정에서 그 가치가 '실현'돼야 하는 것도 전제 조건이 아니다. 상품이 원래 가치가 아니라 생산가격이나 시장가격으로 거래되더라도, 이윤율 저하 경향의 법칙은 영향받지 않는다. '유효수요'가 떨어지지 않아도 이윤율 저하 경향의 법칙은 작용한다. 이것이 이윤율 저하 경향의 법칙의 장점이다. 즉, 상품이 모두 다 팔려도 이윤율은 떨어질 수 있다. 그리고 독점이 나타나고 창출된 가치가 실현되지 않아도 이윤율 저하 경향의 법칙의 작용은 '제약'받지 않는다. 오히려 독점 출현과 가치 실현 실패가 이 법칙이 작용한 결과다.

하비는 마르크스의 이윤율 저하 경향의 법칙이 '불확정적(우연적)'이라고 주장한다. 이 말은 이 법칙을 현실에서 검증해 봐야 한다는 뜻일 수 있다. 이런 뜻이라면 사실 법칙이란 모두 불확정적이다. 몇몇 현실적 전제 조건을 가지고(그래서 불확정적이다) 시작하면 그 법칙은 현실에서 검증될 수 있는 논리적 결과물로 이어진다. 또한 앞으로 일어날 일에 대한 예측으로 이어질 수 있다. 예를 들어, 이윤율이나 이윤량이 꾸준히 떨어지면 자본주의 생산이 위기에 빠질 것이라고 예상할 수 있다. 그런데 하비는 '불확정적'이라는 말을 마르크스의 이윤율 저하 경향의 법칙에서 위기로 이어지는 논리가 없다는 뜻으로 쓴 듯하다. 그렇게 보는 이유는 그 법칙 자체가 '모호하다'는 것이다. 사실 이 비난은 미하엘 하인리히와, 그에 앞서 폴 스위지가 한 것이다.[16] 카르케디와 나는 이윤율 저하 경향의 법칙이 모호하다는 비판에 이미 답변했으며,[17] 다른 사람들도 답변했다.[18]

마르크스가 이 법칙을 버렸는가?

미하엘 하인리히처럼 마르크스·엥겔스 전집《메가MEGA》출판 작업을 하는 저명한 마르크스주의 학자들은 다음과 같이 말한다. 마르크스가 말년에 가서는 위기를 설명하는 것으로서 이윤율 저하 경향의 법칙을 십중팔구 버렸고, 마르크스 사후 엥겔스가《자본론》을 편집하며 이 법칙을 위기 이론으로 왜곡해 재삽입했다고 말이다.[19] 실제로 하비도 엥겔스가 마르크스의 [《자본론》 3권] 15장에 "덧칠"을 하고 오해를 주는 제목["법칙의 내적 모순의 전개"]을 달았다고 말한다. 하비는 이런 해석을 받아들인다(그리고 그것이 전부다). "나는 오랫동안 이 법칙이 일반적으로 유효한지 의심하고 있었는데, 하인리히의 설명은 대체로 내 생각과 일치한다." 글쎄, 하비는 하인리히의 설명으로 위안을 삼을지 모르겠지만 그것이 사실에 들어맞지는 않는다.

가엾은 엥겔스는《메가》출판 작업을 하는 현대 마르크스주의 학자들에게 비판을 받아 왔다. 듣자 하니, 그 학자들은 마르크스의 절친한 동지이자 공동 작업자인 사람보다 마르크스의 의중을 더 잘 안다고 한다. 그러나 하인리히의 주장과 달리 마르크스가 이윤율 저하 경향의 법칙을 버렸다는 증거는 어디에도 없다. 오히려 마르크스는 이윤율 저하 경향의 법칙을 정치경제학의 가장 중요한 법칙으로 여겼다. 내가 보기에 "마르크스는 결코 자신의 이윤율 저하 이론으로 되돌아가지 않았다"(하비)는 것은 사실인데, 왜냐하면 그 이론을 버린 적이 없기 때문이다. 오히려 마르크스는 자본주의 위기의 주기적 성격을 설명할 때 이 이론을 어떻게 적용할지를 연구하느라 많은 시간을 보냈다.[20] 최근 프레드 모즐리는 엥겔스가 마르크스의 노트를 가지고 《자본론》 3권을 편집한 것을 다룬 논문을 발표했다. 그는 엥겔스가 마르크스의 의중을 제대로 이해했다고 결론지었다.[21]

경향과 상쇄 경향

하비는 이렇게 말한다. "마르크스는 자신의 발견을 어떨 때는 법칙으로, 어떨 때는 경향의 법칙으로, 어떨 때는 심지어 그냥 경향으로 부른다." 그러면 한번 물어보자. 이윤율 저하 경향은 법칙인가 경향인가? 사실 마르크스의 분석에서 '법칙'은 모두 경향이다. 다시 말해, 법칙들은 특정한 방향으로 이끄는 힘으로 작용한다. 예를 들어 "그런 일반적 잉여가치율은 (다른 모든 경제법칙과 마찬가지로 하나의 경향으로 볼 때) 이론적 단순화를 위해 가정하는 전제 조건이다."[22]

하비는 자신의 논문 첫머리에서 내가 "현재의 장기 불황을 전적으로 이 경향[이윤율 저하 경향 — 지은이] 때문이라고 본다"고 말한다. 이 말은 정확하지 않다. 왜냐하면 경향이라는 것은 상쇄 경향의 존재를 내포하고, 그래서 그 경향 혼자서는 위기의 원인이 될 수 없기 때문이다. 마르크스의 이윤율 저하 경향의 법칙은 경향이자 "법칙 그 자체"다. 그렇지만 변증법적으로 경향은 상쇄 경향과 함께 나타난다. 이 둘 사이의 차이가 중요하다. 경향은 결국에는 상쇄 경향보다 우위에 서는 법칙이다. 그래도 상쇄 경향은 얼마 동안은 경향을 유보하거나 역전시키거나 늦출 수 있다.[23] 이윤율 저하 경향의 법칙은 시간이 지날수록 이윤율이 떨어질 것이라고 말한다. 그러나 이윤율이 항상 떨어지기만 하는 것은 아니다. 상쇄 경향 때문이다. 실제로 상쇄 경향은 이윤율 저하 경향의 법칙이 순환적으로 작용하는 성격을 갖도록 작용한다.

하비는 "이 법칙의 지지자들은 보통 상쇄 경향들을 경시한다"고 말한다. 정말로 그런가? 나는 하비가 헨리크 그로스만의 책을 읽었으리라고 확신한다. 그로스만은 자본주의 붕괴와 반복되는 위기를 설명할 이론으로서 이윤율 저하 경향의 법칙을 "편집증적"으로 지지하는 대표 인물이다. 그로스만은 자신의 책에서 68쪽을 할애해 "법칙 그 자체"를 설명하고 71쪽을 할애해 상쇄 경향들을 모두 설명한다.[24] 나는 《대침체》에서 이윤율 저하 경향의 법칙은 장기적으로뿐 아니라 주기적으로도 작용한다고 주장했다. 상쇄 경향이 하는 구실 때문이다. 이 점에서는 '단일 원인론적' 저술가 굴리엘모 카르케디도 다르지 않다.

사실 상쇄 경향은 많이 있다. 하비는 그것들을 "잡다한 것들"이라고 부른다. 그런데 하비는 내가 평소 2가지를 핵심으로 여겼음을 지적했다. 잉여가치율 증대와 불변자본의 저렴화. 내가 이 2가지를 중시하는 것은 그것들이 "법칙 그 자체"의 추상 수준, 즉 '자본 일반'의 수준에서 작용하기 때문이다. 세금, 해외 수익, 국가신용, 독점 등의 다른 상쇄 요인들은 '다수 자본'의 차원에서 작용한다. 자본의 세계화라는 상쇄 경향은 자본이 이른바 신흥 경제에서 값싼 농촌 노동을 도시화해 가치 창출의 새 원천을 찾으면서 나타나는데(하비가 이 과정을 분석하는 데 크게 기여했다),[25] 사실 이윤율 저하 경향이 핵심 상쇄 경향들보다 우세해 나타나는 결과물이고, 그런 가치 창출 원천을 거의 다 소진한 국민경제에서는 이윤율을 떨어뜨리는 압력을 가한다.

하비는 자본회전율을 높이는 것도 상쇄 경향으로 지목한다. 회전율 상승은 분명히 개별 자본가들에게는 이윤율을 높여 주겠지만, 오로지 회전율이 '더 낮은' 다른 자본가들을 희생시켜서만 그렇게 한다. 평균 회전율은 총자본에 작용한다. 그리고 평균 회전율은 통신, 운송, 재고 관리의 효율성 증대로 더 높아질 수 있다. 그렇지만 평균 회전율 증가는 불변자본이 동시에 증대하지 않을 때만 이윤율을 높일 것이다.[26]

하비는 나 같은 이윤율 저하 경향의 법칙 지지자들을 다음과 같이 비판한다. "그들은 금융화가 2007~2008년의 붕괴와 아무 관련이 없다고 주장한다. 실제 사태 전개를 볼 때 이 주장은 우스꽝스럽다. 또한 이 주장은 위기 형성에 일조한 은행가와 금융가의 책임을 면제해 준다."[27] 그렇지만 이런 비판은 나에게는 해당하지 않는다. 내 책 《대침체》를 읽어 본 사람이라면, 내가 많은 지면을 할애해 미국 주택 시장 거품 형성과 붕괴, 금융 위기, 파생상품의 구실 등을 다뤘다는 것을 알 것이다. 내가 최근에 블로그에 쓴 글을 봐도 이윤율·신용(부채)·은행·위기 사이의 관계를 다룬 글이 적어도 25개나 된다. 그리고 하비가 역사유물론대회에서 아이작 도이처 상을 받고 연설한 다음 해인 2012년에 나는 "부채 문제"라는 제목의 두툼한 논문을 발표했다.[28] 이윤율 저하 경향의 법칙을 중시하더라도 다른 요인들을 무시하는 것은 아니다.

주기적 위기와 붕괴

하비는 마르크스가 "위기를 자본주의의 임박한 붕괴를 나타내는 징후로 보기보다는 점점 더 자본주의가 재편되고 회복되는 국면으로 보게 됐다"고 주장한다. 하비의 말이, 마르크스에게는 자본주의의 붕괴로 향하는 위기를 설명하는 이론은 없고 오로지 주기적 위기를 설명하는 이론만 있다는 뜻이라면, 그것은 옳지 않다. 마르크스는 주기적 위기와 장기적 위기를 모두 설명했다. 그렇다. 위기는 가치(와 사용가치)를 파괴해, 이윤율 저하 경향의 법칙으로 말미암아 떨어졌던 이윤율을 회복시킴으로써 '회복'의 조건을 창출한다. 그러나 영구적 위기가 없듯이, 영구적 피난처도 없다. 이윤율 저하 경향의 법칙이 다시 한 번 힘을 발휘해 이윤율이 다시 떨어질 것이며, 결국 새 위기(불황)가 시작될 것이다. 그리하여 마르크스가 썼듯이, "옛 오물들이 다시 드러난다."

게다가 상쇄 경향들이 발휘하는 지연·반전 능력이 약해질수록 자본이 가치와 잉여가치를 가져가기가 더 어려워진다. 자본은 더는 생산력을 완전히 발전시키지 못한다. 그래서 마르크스의 이윤율 저하 경향의 법칙은 위기의 원인을 설명해 줄 뿐 아니라, 자본주의 생산양식의 일시적 성격도 보여 준다.

주기적 위기는 어떤 균형을 복구해 주지 않는다. 위기는 신고전학파가 상정하는 균형을 복구하는 것이 아니라, 오히려 붕괴했던 축적 과정을 갑자기 재개시켜 다시 역동적으로 움직이게 할 뿐이다. 균형은 우연일 뿐이다.

증거

하비는 방법과 법칙을 다룬 뒤에 "그 법칙의 입증 증거로서 제시된 이윤율 하락을 보이는 그래프와 통계자료를 모두" 의심한다. 여기에는 2가지 쟁점이 있다. 첫째, 자료가 올바른가? 현대 자본주의 내내, 또는 적어도 제2차세계대전 종전 이후 주요 자본주의 경제들에서 이윤율이 하락했는가? 둘째, 이윤율이 장기적으로 하락한다는 (중간중간 이윤율이 상승하는 시기가 끼어들겠지만) 명백한 증거가 있다면, 그것은 마르크스의 법칙으로 설명되는가? 또는 이윤율이 떨어지는 또 다른 (더 유효한) 이유가 있는 것 아닌가? 이것들이 하비가 제기한 문제들이다.

이윤율이 장기적으로 떨어진다는 증거는 발에 차일 만큼 많다. 19세기의 가장 중요한 자본주의 경제인 영국, 20세기의 가장 중요한 자본주의 경제인 미국 모두에서 그렇다.[29] 마르크스주의 학자들이 1870년 이후 그리고 제2차세계대전 종전 이후 세계 여러 국민자본의 이윤율을 측정해 얻어 낸 새 연구 결과들도 있다. 그 결과들을 보면 이윤율은 장기적으로 하락한다.[30] 하비가 언급하듯이, 나는 블로그와 발표문에 이런 연구들을 소개해 놨다(하비 논문의 주석 1과 2를 참조).

다음 문제로 넘어가자. 자본주의에서 이윤율이 떨어지는 경향이 실제로 나타난다는 것을 인정한다고 해도, 그 경향의 원인은 마르크스의 법칙이 아닐 수도 있다. 하비가 썼듯이, "이윤은 여러 이유로 하락할 수 있다." 하비는 수요 감소(포스트케인스주의의 설명), 임금 인상(이윤 압박설의 설명), 자원의 희소성, 독점력(산업자본한테서 지대를 받아 내기) 등을 언급한다. 그렇다. 다시 "잡다한 것들"이다.

그런데 과학 연구에서 중요한 것은 잡다한 가능성들에서 주요 원인을 가려내려 노력하는 것 아닌가? 이윤율이 하락할 때 그것이 자본의 유기적 구성의 상승(잉여가치율의 상승으로도 모두 상쇄되지 않는) 때문이라는 것을 보일 수 있다면, 마르크스의 법칙이 위기의 원인이라는 좋은 증거가 생기게 된다. 사실 여러 마르크스주의 경제학자들이 특히 미국(미국만은 아니지만) 이윤율 추이를 연구해 보여 준 것이 바로 이것이다.[31]

사실 내가 "잡다한 그래프들"에서 보여 준 것도 바로 이윤율과 자본의 유기적 구성이 반비례 관계라는 것이다.[32] 그래프를 그려 보면 거의 완벽하게 들어맞는다. 이윤율이 올라갈 때 자본의 유기적 구성이 떨어지고, 이윤율이 떨어질 때 자본의 유기적 구성은 올라간다. 달리 말해, 이것은 이윤율의 운동은 자본의 유기적 구성의 반대 운동이 일으킨다는 강력한 증거다. 게다가 나만 이것을 보여 준 것이 아니다.

다른 "잡다한" 원인들은 이 운동을 강화하거나 상쇄한다. 그것들은 상황에 따라 발생하거나 발생하지 않으므로 국면적이다. 그것들이 나타날 때는 위기에 특수한 형태를 부여한다.

유기적 구성의 상승과 생산성

하비는 "여기서 전진할 수 있는 유일한 방법은 노동생산성 변화가 이윤율에 미치는 직접적 영향을 측정하는 것"이라고 말한다. 그런데 이것이 바로 이윤율 저하 경향의 법칙이 할 수 있는 것이다. 이 법칙에 따르면, 자본의 유기적 구성이 올라갈 때 노동생산성도 같이 올라간다. 이것이 자본축적의 이면이다. 그렇지만 노동생산성의 상승은 결국 이윤율 하락과 결합된다는 점에서 큰 모순이 생긴다. 이는 자본이 노동생산성 향상으로 창출된 새 가치를 모두 가져가고 노동자들은 근근이 연명만 한다고 할지라도 자본의 유기적 구성이 올라 이윤율은 결국 떨어지기 때문이다. 노동생산성 향상이 이윤에 미치는 영향은 노동 착취율에 따라 달라진다. 생산성이 오른다고 자동으로 이윤이 오르지는 않는다. 생산성은 사용가치로 측정하기 때문이다. 그렇지만 한 자본이 생산성을 높이면 그 자본은 뒤처진 자본에게서 잉여가치를 가져갈 수 있다.

그런데 무엇이 이런 생산성 혁명(예를 들어 헨리 포드가 조립라인 기술을 채택한 것)을 추동하는가? 분명히 그것은 살아 있는 노동보다 자본재에 더 많이 지출하는 것, 즉 자본축적, 다시 말해 자본의 유기적 구성의 상승이다. 그래서 생산성이 올라가면 노동력의 가치가 떨어지며 불변자본이 저렴해진다. 이 상황에서 이윤율은 올라갈 것이다. 그렇지만 생산성 향상은 자본의 유기적 구성을 높임으로써만 가능하고, 이는 이윤율을 떨어뜨린다. 결국 이윤율이 하락하는 경향이 유력해진다.

하비는 자본의 가치 구성과 자본의 유기적 구성을 구분하고자 했다. 그는 이렇게 주장한다. "전체로서 자본의 가치 구성은 기껏해야 [자본의 유기적 구성과] 동어반복으로 보이고, 최악으로는 완전히 일관성 없는 개념으로 보인다." 하비가 보기에, 이는 "자본과 관련한 생산성의 유일한 척도가 잉여가치 생산이고 생산성의 변화가 설명하는 것이 바로 이것이기 때문이다." 그렇지만 하비는 생산성과 이윤율을 동일시하는 잘못을 저지르고 있다. 만약 이윤율이 생산성의 척도이기도 하다면, 생산성 변화가 이윤율 변화를 설명할 수 없으며 이것은 동어반복이 된다. 그렇지만 이윤율 변화를 설명하는 것은 자본의 유기적 구성의 변화이므로 이것은 동어반복이 아니다.

그리고 소위 "일관성이 없다"는 것은 이 두 개념에 대한 하비의 오해에서 비롯하는 것이기도 하다. 그는 이렇게 말한다. "자본의 유기적 구성은 한 기업이나 '직종'이나 부문 전체 내 가변자본에 대한 불변자본의 비율로 정의된다. 자본의 가치 구성은 전체로서 자본의 생산성으로 측정된다." 이 말은 틀렸다. 벤 파인이 마르크스의 의중을 더 잘 설명한다. "자본의 유기적 구성은 전적으로 생산 영역을 고려해 축적의 결과를 측정한다. … 반면 자본의 가치 구성은 교환 영역의 측면에서 축적 과정을 측정하고 반영한다." 파인은 계속해서 이렇게 말한다. "자본주의에 고유한 생산방식과 결합된 자본의 유기적 구성의 상승은 '법칙 그 자체'의 원천이다. 반면, 자본의 가치 구성의 형성은 상쇄 경향들과 관련돼 있다."[33]

정확하게 말해서 생산성 변화는 자본의 유기적 구성 상승을 동반하지만(생산성 증가가 가격을 떨어뜨려 그 효과가 완화된다고 해도), 잉여가치 '생산'은 잉여가치율 또는 착취율로 표현된다.

여기서 마르크스가 이윤율 저하 경향의 법칙을 위해 세운 2가지 전제 조건을 다시 만나게 된다. 오로지 노동력만이 가치(와 잉여가치)를 창출한다. 자본은 유기적 구성을 끌어올림으로써만 확장하고 축적할 수 있다. 이 전제 조건들이 현실에서 입증되는가? 자본의 유기적 구성(과 가치 구성)은 상승하는가? 자본의 유기적 구성이 상승하면 이윤율이 하락하고 자본의 유기적 구성이 하락하면 이윤율이 상승하는가? 증거들을 보면 그렇다.

하비는 이것의 복잡성을 보여 주는 사례로 한 경제 내 수직적 통합의 정도를 이용한다. 더 많은 경제활동이 외주화되면 자본의 유기적 구성은 하락하는가? 그가 이 때문에 실제 자본의 유기적 구성을 측정하기가 더 힘들다는 점을 지적한 것은 옳다. 그렇지만 같은 수의 노동자가 정확히 같은 자본 설비를 이용해 정확히 같은 업무를 수행한다면, 그들이 모두 같은 회사 소속인지 아닌지, 그들의 활동이 외주화됐는지 아닌지는 확실히 전체 경제와는 무관하다. 나를 포함한 이윤율 저하 경향의 법칙 지지자들은 전체 경제의 기업 투자 총계를 이용한다. 그래서 하비가 지적한 수직적 통합의 문제는 개별 기업의 경우와 달리 그렇게 중요하지 않다.

하비는 어쨌든 화폐가 자료를 왜곡하고, 특히 인플레 시기에는 더욱 그렇다고 주장한다. 그래서 그는 "가치 창조와 화폐가 하는 일 사이의 격차가 점점 더 벌어진다"고 주장한다. 우리 자료 수집가들이 이런 변수를 무시한다는 것이다. 그와 반대로 나를 비롯한 많은 사람들은 화폐 인플레의 효과를 제거하기 위해 많은 시간을 들였고, 그 덕분에 가치 측면에 최대한 근접해서 기저의 변화를 식별할 수 있다(이와 관련해서는 클라이먼과 카르케디 등을 참조).[34]

마르크스의 이윤율 저하 경향의 법칙이 이윤율 하락을 가장 잘 설명한다는 것을 보여 주는 자료와 증거를 들이밀어도 하비는 받아들이지 않는다. 그럼에도 친절하게 이렇게 말한다. 화폐로 표현된 이윤율이 실질적이듯이, 이런 자료도 모두 "무가치하지는 않다"고 말이다. 하비는 계속해서 다음과 같이 말한다. "화폐 형태로 표시된 이윤율이 하락한다는 확실한 증거는 중요한 사회적 사실로서, 우리 모두에게 영향을 미치고 우리는 보통 그것에 반응한다. 전 세계에서 화폐로 표현된 이윤율에 무슨 일이 벌어졌는지를 연구하는 것은 사활적으로 중요하다." 이 말은 이윤율 저하 경향의 법칙 지지자들이 수행한 경험적 연구 결과에 반대한 그의 앞선 비판들을 무색하게 만든다.

다른 가능성들

그렇지만 하비는 자료에 회의적 태도를 내비치는 것을 넘어선다. 그는 어떻게 측정된 것이든 이윤율이 떨어진다는 것을 믿지 않고, 이윤율 저하 경향의 법칙보다 자본주의의 반복되는 위기를 더 잘 설명할 수 있는 것이 있다고 주장한다.

첫째 문제와 관련해 하비는 현대 경제의 다양한 부문에서 이윤이 상승했다는 것을 언급한다. 주택 시장, 주식시장 투자, [나이키 같은] 유명 상표 제품 등. 그는 "요즘 경제 신문에서" 미국 기업들이 "높은 이윤율"로 영업을 한다는 보도가 나오고 있다면서, "이윤율은 아니지만 이윤량은 깜짝 놀랄 만큼 성장했다"고 말한다. 글쎄, 이윤율에 대해서는 "경제 신문"이 내놓는 "일화적 증거"(하비의 표현)에 의존하기보다는 적절한 연구와 자료 분석이 필요하다.

첫째, 마르크스의 법칙은 자본의 이윤율 하락에 관한 것이지 이윤량 하락에 관한 것이 아니다. 물론 이윤율 하락이 매우 결정적인 요소로 작용해 이윤량 하락으로 이어질 수 있지만 말이다. 하비는 마르크스의 법칙이 "이윤 하락"을 설명하는 것이라고 언급하는 실수를 저질렀다(하비의 논문 2쪽).[35] 기업 이윤이 상승하고 있다는 신문 보도를 인용하는 것만으로는 충분치 않은데, 왜냐하면 같은 시기에 이윤율은 하락할 수 있기 때문이다. 실제로 다음 얘기는 대체로 사실이다. 불황 직전 — 기업들이(특히 가장 취약한 기업들부터) 신규 생산을 해 봐야 이윤율뿐 아니라 절대적 이윤조차 줄어드는 때 — 을 제외하고 한 경제에서 이윤량은 언제나 증대한다.

둘째, 나를 포함한 이윤율 저하 경향의 법칙 지지자들은 이윤율과 이윤량의 관계를 파악하려고 오랫동안 노력했다. 마르크스 자신이 주장했듯이, 투자에 대한 이윤율이 떨어져서 신규 투자가 실제로 이윤량과 새 가치의 하락으로 이어지는 지점이 축적 과정에 존재한다.[36] 이런 자본의 절대적 과잉 축적은 투자가 붕괴하는 순간을 불러오고, 그 뒤로 파산, 실업, 소득 감소가 이어진다. 달리 말해, 불황을 촉발한다.[37]

타피아 그라나도스의 연구 결과를 보면, 이런 연쇄적 인과관계의 고리가 1945년 이래 미국 경제에서 나타났고, 나와 카르케디의 연구 결과를 보면, 이번 2008~2009년 대침체 때도 나타났다.[38] 믹 브룩스도 비슷한 연구 결과를 보여 줬다.[39] 이에 대해서도 위기에 대한 이런 설명을 지지하는 사람들에게는 "잡다한" 그래프와 자료가 있다.

그렇지만 하비는 마르크스의 법칙보다는 다른 원인으로 자본주의 위기를 설명하기를 더 좋아한다. 신용·금융화·금융시장의 효과, 노후화로 말미암은 고정 불변자본의 가치 감소, 무엇보다 자본가들의 투자와 이윤에 견준 실질임금의 하락으로 말미암은 소비자 수요의 제약이 원인으로 지목된다.

진부한 이야기

하비는 "대중의 빈곤과 제한된 소비"라는 흔해 빠진 이야기를 "모든 현실적 경제 위기의 궁극적 이유"라고 주장한다. 이 문구는 사실 《자본론》 3권의 화폐자본과 실물자본을 다루는 절에서 가져온 것이다(마르크스는 이 원고에 "혼동"이라는 제목을 붙였다). 그런데 놀랄 것은 없다. 그 절은 주로 1844년 은행법 관련 통화정책을 둘러싸고 벌어진 논쟁들에 대한 정리되지 않은 인용들로 이뤄져 있다. 《자본론》 3권의 이 부분은 명확한 결론을 내리지 않고 있으며, 마르크스 자신이 더 연구하기 위해 쓴 예비적 노트로 보인다. 이와 비교해 《자본론》 3권 3부의 이윤율을 다룬 장들[13~15장]은 매우 간결하고 일관성 있게 작성됐다.

"대중의 빈곤과 제한된 소비"라는 문구는 유독 도드라져 보인다. 《메가》 출판 작업에 참여한 학자들은 이 문구가 원래는 괄호 안의 주석이던 것을 엥겔스가 본문에 포함시킨 것이라고 지적한다. "궁극적 이유the ultimate reason"는 《메가》[의 《1861~1863년 원고》]에서는 "궁극적 토대der letzte Grund"라고 돼 있다. 즉, "이유"는 진부한 의미로 잘못

번역된 것이다. 이 문구는 그것을 자본주의 위기 발생에 대한 설명인 양 이용하는 사람들이 암시하는 '원인cause'이라는 개념과 공통점이 전혀 없다.[40]

《자본론》 3권의 이 인용문은 원래 맥락을 무시하고 가져다 쓰면 마르크스가 과소소비론적 위기론을 가졌다는 견해를 지지하는 데만 이용될 수 있다. 이 인용문은 마르크스가 상업신용과 현실적 위기의 관계를 다루는 맥락에서 등장한다. 마르크스는 위기의 시기에 시장은 공급과잉 상태에 빠지지만 신용은 위축된다고 주장한다. 그러므로 여기서 마르크스가 [이윤] 실현의 위기, 즉 기존 가격으로 상품이 모두 판매되기는 불가능하다는 것을 언급하는 것이 분명하다.

마르크스의 주장은 경쟁이 "생산력을 발전시킨다"는 것이다. 즉, 경쟁은 "마치 사회의 절대적 소비 능력만이 생산력의 한계인 양" 생산성을 높인다. 그렇지만 생산력의 발전은 노동의 퇴출과 함께 이뤄지며, 위기가 폭발할 때 이런 퇴출은 대중의 소비를 줄인다. 자본가들의 생산적·비생산적 소비도 줄어든다. 과소소비는 위기의 결과이지 원인이 아니다.

무엇이 과소소비를 초래하는가? 그 대답은 분명한데, 바로 임금하락이다. 그런데 임금은 왜 하락하는가? 임금이 하락하는 것은 임금률[임금수준]은 그대로 유지한 채 고용이 하락하거나, 고용은 그대로 유지한 채 임금률이 하락하기 때문이다. 달리 말해, 가치가 더 적게 생산되거나 자본이 더 많은 가치를 가져가기 때문에 임금이 하락한다. 고용이 일반적으로 줄어든다면 경기가 하강하고 있다는 뜻이고 위기가 이미 시작됐을 수 있다. 이윤 증가로 임금이 하락한다

면 이윤율은 상승하기 때문에 이것은 위기의 원인일 수 없다.[41]

따라서 마르크스는 [《자본론》 2권에서] "위기가 유효 소비(또는 소비자)의 부족 때문에 벌어진다고 말하는 것은 순전한 동어반복"이라고 하면서 과소소비론의 위기 설명을 분명하게 거부했을 때 "문제들을 혼동"(하비의 표현) 하지 않았다. 과소소비론은 설명하고 싶은 것을 전제 조건으로 삼는다. 수요 부족은 [이윤] 실현의 위기, 즉 불황을 **묘사**하는 것이지 그 원인을 **설명**하는 것이 아니다. 과소소비론을 이와 다른 식으로 받아들이는 것은 케인스주의의 부적절한 '설명'을 받아들이는 것이 된다(사실 케인스 추종자들은 굳이 위기의 원인을 설명하려 하지 않는다).

경제 위기 이론은 없다?

마르크스의 이윤율 저하 경향의 법칙이 그의 경제 위기 이론의 토대라는 것을 받아들이지 않는다면 마르크스에게는 위기 이론이 아무것도 없었다고 봐야 한다. 사실 이것은 《메가》 출판 작업에 참여한 미하엘 하인리히와 헤이르트 뢰턴이 바라는 결론이다. 그리되면 우리는 신용 호황(오스트리아학파), 금융 투기(민스키), 수요 부족(케인스), 저임금과 불평등(스티글리츠와 포스트케인스주의자)을 기초로 하는 부르주아 경제학의 다양한 이론으로 빠져들 수 있다.[42] 이것들은 모두 공통점이 하나 있다. 즉, 특정한 이론이 옳다면, 자본주의는 금융 규제(마틴 울프), 임금 인상(포스트케인스주의자), 누진세(피케티)를 통해서 교정될 수 있고 자본주의 생산양식 자체를 제거하지 않아도 된다는 점이다. 그래서 이 이론들은 마르크스의 주장과 달리 자본주의 생산양식에는 주기적이고 반복적인 위기를 야기하는 근본적 모순이 없으며, 단지 **유통**의 문제만 있다고 주장한다.

사실 하비의 결론도 이것이다. 그는 우리가 "자본의 2차 순환"을 기초로 한 다른 이론을 채택하기를 바란다. 즉, 가치·잉여가치 생산과 관련된 순환 영역의 바깥에 기초를 둔 다른 이론을 고려하고, 그래서 특히 "투기적 과잉생산"을 수반하는 '다수 자본' 사이의 가치 분배와 관련된 부분에 눈을 돌리기를 바란다. 다시 한 번 하비는 '탈취'에 의해 창출되는 가치의 재분배가 야기하는 위기에 우리가 관심을 기울이기를 바란다. 탈취란 '시초 축적'의 형태로, 충분히 발전한 현대 자본주의 생산에서와 같은 임금노동 착취가 아니라 폭력이나 약탈에 의해 부가 축적되는 것이다.

하비는 다음과 같이 묻는다. "이윤율 하락이 실제 존재한다고 할지라도, 적어도 표면적으로는 상업 위기이자 금융 위기였던 [2008~2009년] 경제 위기를 도대체 이윤율 하락으로 어떻게 설명할 것인가? 그 위기는 캘리포니아주·애리조나주·네바다주·플로리다주·조지아주(미국 외부에서는 스페인·아일랜드·헝가리 등의 다양한 나라)의 주택 시장에서 시작해, 상이한 시기에 상이한 지역에서 상이한 강도로 온갖 부문을 상이하게 감염시킨 국제 금융 시스템의 전염병을 통해 전 세계로 확산됐는데 말이다"(하비의 논문 12쪽).

그러나 주택 가격 거품의 붕괴와 신용 경색(2007년에 시작된)은 2006년에 이윤율과 이윤량이 떨어진 뒤에 찾아왔다. 이것은 미국 상무부 경제분석국BEA이 발표한 공식 통계로도 입증된다. 자본주의는 벼랑 끝을 향해 달리고 있음을 깨달았을 때 이미 벼랑 끝을 지나 버린 상태였다.

더욱이 이 위기는 세계적 경제 위기로서, 주택 가격 거품과 통제 불능의 신용이 있던 나라뿐 아니라 그렇지 않은 나라에도 영향을 미쳤다. 신용 경색이 미국의 일부 주에서 일어난 주택 가격 거품의 붕괴로 촉발됐음을 받아들인다면, 그 신용 경색이 왜 그렇게 빨리 전 세계로 확산됐는가? 경기후퇴가 시작되기 전에 모든 주요 경제에서 이윤율이 하락하고 있었기 때문이다. 금융 파동, 패닉, 붕괴는 자본주의에서 호황과 불황의 순환이 왜 반복되는지 설명하지 못한다. 신용 경색은 세계적 경기후퇴를 촉발했지만 근본 원인은 아니었다.

가망 없는 것을 배제하기

하비는, 마르크스의 이윤율 저하 경향의 법칙이 생산에서 일어나는 반복적·주기적 위기나 불황의 근저에 있는 궁극적 원인이라고 주장하는 사람들은 보통 "다른 가능성에 대한 고려를 배제하는 방식으로" 그 법칙을 들이민다고 말한다. 글쎄, 근본 법칙을 논할 때는 사실 그렇다. 다른 가능성들은 위기를 설명하거나 새 위기를 예측할 수 없어서 배제된다.

하비는 그의 논문 말미에서 다음과 같이 말한다. "내 생각에 마르크스는 자본축적이 직면할 수밖에 없는 많은 장벽 중에서 가장 큰 장벽은 자본 자체라는 원칙[?? — 지은이]을 포기하지 않았다는 점에서 옳았다." 그렇지만 "마르크스는 이것이 어떻게 그리고 왜 그런

지 설명하기 위해 이론을 갈수록 섬세하게 수정해야 했다." 나는 마르크스가 이 "원칙"을 더욱 "편집증적"으로 고수했고, 그 원칙을 "갈수록 섬세하게 수정"하지 않았다고 본다. 우리는 여기서 마르크스를 따라야 한다.

후주

1 David Harvey, "Crisis theory and the falling rate of profit", *The Great Financial Meltdown: Systemic, Conjunctural or Policy Created?*, Turan Subasat ed, Edward Elgar Publishing Limited, 2016에 실린 3장의 초안[하비를 비판한 마이클 로버츠의 이 논문도 같은 책에 4장으로 실렸다].

2 헨리크 그로스만은 마르크스 사후 1930년대까지 마르크스주의자들의 위기 이론을 훌륭하게 설명한다. Henryk Grossmann, *50 Years of Struggle over Marxism, 1883-1932*, Rick Kuhn tr, Marxist Left Review, 2014. Howard and King, *A History of Marxian Economics*, 2 vols, Palgrave Macmillian, 1989 and 1992 도 참조.

3 H Grossmann, *The Law of Accumulation and Breakdown of the Capitalist System: Being Also a Theory of Crises*, Pluto Press, 1992[국역: 《자본주의 체계의 축적과 붕괴 법칙: 동시에 위기이론》, 실크로드, 2021]; Paul Mattick, *Economic Crisis and Crisis Theory*, Editions Champ Libre, 1974.

4 Mario Cogoy, "The falling rate of profit and the theory of accumulation", 1987; David Yaffe, "The Marxian Theory of Crisis and the State", *Bulletin of the Conference of Socialist Economists*, Winter, 1972; G Carchedi, *Frontiers of Political Economy*, Verso, 1992.

5 Paul Sweezy, *The Theory of Capitalist Development*, D Dobson, 1946[국역: 《자본주의 발전의 이론》, 필맥, 2009]; Paul Baran and P Sweezy, *Monopoly Capital: An Essay on the American Economic and Social Order*, Monthly Review Press, 1962.

6 너무 많아서 모두 언급하기 힘들다. 그렇지만 원한다면 다 언급할 수 있다.

7 이들 또한 너무 많아서 언급하기 힘들다. 비록 라틴아메리카의 혁명적 마르크스주의 단체들은 이윤율 저하 경향의 법칙을 지지하는 것으로 보이지만 말이다.

8 http://thenextrecession.wordpress.com/2011/03/03/the-crisis-of-neoliberalism-and-gerard-dumenil/

9 내 블로그에 있는 http://gesd.free.fr/mr1213.pdf와 내 논문 http://gesd.free.fr/mrobprof.pdf를 참조.

10 뉴질랜드 유나이트 노조 사무총장 마이크 트린은 2014년 5월 31일부터 6월 1일까지 열린 사회주의자 단체 '반격'의 연례 회의와 2014년 10월 12일에 오클랜드에서 열린 '사회주의 뉴질랜드'의 세미나에서 다음과 같이 말했다. *Links International Journal of Socialist Renewal*, November 10, 2014 참조. "그렇지만 위기를 설명하기 위해 이윤율 저하 경향의 법칙에만 거의 편집증적으로 집착하는 것은 길을 잃게 만든다. 마이클 로버츠는 심지어 자본주의의 10년 주기 순환을 이윤율 하락의 결과로 설명하려 한다. 물론 모든 위기는 이윤율의 하락과 연관돼 있다는 점은 사실이다. 그러나 이런 일시적 하락은 위기의 원인이 아니라 그 결과다." 트린이 제기한 논점에 대한 답변은 나중에 할 것이다.

11 G Duménil and D Lévy, "The crisis of the early 21st century: a critical reviews of various interpretations", 2011, http://www.jourdan.ens.fr/levy/dle2011h.pdf와 내 블로그 글 http://thenextrecession.wordpress.com/2011/03/03/the-crisis-of-neoliberalism-and-gerard-dumenil/을 참조.

12 L Pantitch and S Gindin, *The Making of Global Capitalism: The Political Economy of American Empire*, Verso, 2013, http://www.versobooks.com/books/1527-the-making-of-global-capitalism

13 G Carchedi, "Zombie Capitalism and the Origin of Crises", *International Socialism*, issue 125, 2010, http://www.isj.org.uk/index.php4?id=614&issue=125

14 내 블로그에 있는 논문 "Tendencies, triggers and tulips", Amsterdam, 2014, http://thenextrecession.files.wordpress.com/2014/02/presentation-to-the-third-seminar-of-the-fi-on-the-economic-crisis.pdf를 참조.

15 R Rodolsky, *The Making of Marx's Capital*, Pluto Press, 1977[국역: 《마르크스의 자본론의 형성 1, 2》, 백의, 2003]과 출간 예정인 H Grossmann, *Marx, Classical Political Economy and the Problem of Dynamics*, Rick Kuhn tr을 참조.

16 P Sweezy, *The Theory of Capitalist Development*, 1946과 오늘날 《먼슬리 리뷰》 '학파'.

17 M Roberts, "Michael Roberts and Guglielmo Carchedi on Heinrich", 2013.

18 J Miller, "Must The Profit Rate Really Fall? — A defense of Marx against Paul Sweezy", April 1995, http://gesd.free.fr/miller95.pdf와 E George, "But Still It Falls: On the Rate of Profit", July 2013.

19 M Heinrich, "Crisis Theory, the Law of the Tendency of the Profit Rate to Fall, and Marx's Studies in the 1870s", *Monthly Review*, volume 64, issue 11, April 2013.

20 마르크스 주장의 핵심은 다음과 같다. "여러 번의 회전(자본은 고정자본 부분 때문에 여기에 묶여 있다)으로 이뤄지는 수년간에 걸친 순환이 주기적 순환(위기)의 물질적 토대 중 하나다. … 그럼에도 위기는 항상 대규모 신규 투자의 출발점이다. 그러므로 사회 전체를 고려한다면 위기는 다음번 순환의 새로운 물질적 기반이 된다"(K Marx, *Capital*, vol 2, p 264).

21 내 블로그에 있는 http://thenextrecession.wordpress.com/2014/11/13/how-capitalism-survives/를 참조.

22 K Marx, *Capital*, vol 3, p 275.

23 마르크스는 다음과 같이 명확히 지적했다. "일반적 이윤율을 떨어뜨리는 바로 그 원인들이 이윤율의 하락을 방해하고 지연시키고 부분적으로는 심지어 마비시키는 상쇄 효과를 초래한다. 이 상쇄 효과는 이윤율 저하 법칙을 없애지는 못하지만 그 효과를 약화시킨다. 상쇄 효과는 일반적 이윤율의 저하 자체보다는 오히려 그 저하가 비교적 완만하게 이뤄지는 현상을 이해하는 데 반드시 필요하다. 그래서 법칙은 단지 경향으로만 작용하고, 특정 상황에서만 그리고 장기적으로만 그 효과가 명백하게 나타난다"(K Marx, *Capital*, vol 3, p 239, 1959). 나는 이보다 더 명확하게 밝히기 힘들 거라 생각한다.

24 H Grossmann, *The Law of Accumulation and Breakdown of the Capitalist System: Being Also a Theory of Crises*, Pluto Press, 1992.

25 제국주의와 생산의 세계화를 탁월하게 분석한 논문 John Smith, "Imperialism & the Globalisation of Production", University of Sheffield, 2010을 참조.

26 자본회전의 역할에 대해 더 많은 것을 알기 위해서는 G Carchedi의 곧 나올 논문 "Crises and Marx's Law", *The World in Crisis*, Zero Books와 Carchedi and Roberts의 미출간 논문 "Measuring the Turnover of Capital and Variable Capital"이 나오기를 기다려야 한다.

27 공평하게 말해서, 하비는 이런 "귀에 거슬리는" 견해의 사례로 오직 앤드루 클라이

먼만을 인용한다.

28 https://thenextrecession.files.wordpress.com/2012/11/debt-matters.pdf

29 2011년 AHE 대회에서 발표한 내 논문 "Measuring the rate of profit, profit cycles and the Great Recession"을 참조. 이 논문에서 나는 이윤율을 마르크스의 방법에 따라 계산한 모든 경험적 연구를 모아 놓았고, [그 연구들이 계산한] 이윤율의 운동에 대체로 동의했으며, 이윤율 저하가 어떻게 투자에 영향을 미치고 위기를 야기하는지를 설명한다. http://gesd.free.fr/mrobprof.pdf

30 E Maito, "The historical transience of capital: the downward trend in the rate of profit since the 19th century", 2014, http://gesd.free.fr/maito14.pdf; M Roberts, "A world rate of profit", 2012, http://gesd.free.fr/mrwrate.pdf

31 M Roberts, "The US rate of profit — extending the debate", 19 December 2013.

32 M Roberts, "Measuring the rate of profit; profit cycles and the next recession", 2011.

33 Ben Fine and A Saad-Filho, *Marx's Capital*, Pluto Press, 2004[4판 국역: 《마르크스의 자본론》, 책갈피, 2006].

34 A Kliman, *The Failure of Capitalist Production*, Pluto Press, 2011[국역: 《자본주의 생산의 실패》, 한울, 2013]; G Carchedi, *Behind the Crisis*, Brill, 2011. 카르케디와 내가 공저한 근간에 실리는 논문에서 카르케디는 가치로 계산한 이윤율과 화폐로 계산한 이윤율이 양적으로 다르지만 이 둘은 꽤 밀접하게 서로를 따른다는 점을 보여 줬다.

35 하비는 자신의 논문 서두에서 이윤율 저하 경향의 법칙이 어떻게 작동하는지 간단히 설명할 때도 또 다른 실수를 저지른다. "경쟁은 자본주의 생산자들로 하여금 시장점유율을 유지하기 위해 노동 절약적 기술에 투자하도록 강제한다"고 썼는데, 시장점유율이 아니라 이윤율을 높이기 위한 것이다.

36 마르크스는 다음과 같이 썼다. "[과잉생산은 여전히 존재한다.] 자본이 … 사용되는 자본량의 증가에 따라 이윤량도 함께 증가할 만큼도 노동을 착취하지 못하기 때문이다"(K Marx, *Capital*, vol 3, p 255, 1959).

37 이런 인과 과정에 대한 증거를 원한다면 내 논문 "Tendencies, triggers and tulips", Amsterdam, 2014, http://thenextrecession.files.wordpress.com/2014/02/presentation-to-the-third-seminar-of-the-fi-on-the-economic-crisis.pdf를 참조.

38 José Tapia Granados, "Does Investment Call the Tune?", 2012, http://sitemaker.umich.edu/tapia_granados/files/does_investment_call_the_tune_may_2012__forthcoming_rpe_.pdf와 G Carchedi and M Roberts, "The Long roots of the present crisis", *World Review of Political Economy*, spring 2013, http://gesd.free.fr/robcarch13.pdf 미출간 논문에서 카르케디는 가치와 잉여가치가 마이너스 성장을 하는 시기에 위기가 발생한다는 것을 밝힌다.

39 Mick Brooks, *Capitalist Crisis, Theory and Practice*, Expedia, 2012. "미국 경제분석국은 2006년 3분기에 세전 이윤량이 1조 8650억 달러였다는 점을 보여 준다. 2008년 4분기에 이윤량은 8610억 달러로 하락했다. 절반 이상 하락한 것이다. 경제분석국이 2006년 자료에서 이끌어 낸 이윤의 폭락은 금융 위기가 있었든 없었든 간에 경기후퇴를 초래했을 것이다. 이윤량이 반토막 난 것은 자본주의로서는 재앙이고, 대침체의 심각성을 그 자체로 설명한다."

40 이 맥락에서 "토대"의 의미는 무엇일까? 이 유명한 단락은 두 문장으로 이뤄져 있다. 첫째 문장은 "모든 현실적 경제 위기의 궁극적 이유는 언제나 대중의 빈곤과 제한된 소비다"이고, 둘째 문장은 "이런 대중의 빈곤과 제한된 소비는 (마치 사회의 절대적 소비 능력만이 생산력의 한계인 양 생산력을 한없이 발전시키려 하는) 자본주의 생산의 추진력과 대비된다"이다. 이 유명한 단락을 더 낫게 번역하면 다음과 같다. "궁극적으로 모든 현실적 위기가 발현하는 토대는 빈곤 등이다." 자신들의 주장을 뒷받침하기 위해 과소소비론 지지자들은 둘째 문장을 무시하지만 이 문장이 논의의 출발점이다.

41 케인스주의적 답변은 임금 하락이 판매를 감소시키고 그래서 이윤과 이윤율에 부정적 영향을 미친다는 것이다. 그렇지만 카르케디는 모든 상품이 판매되지 않는다면 이윤율은 불변이며, 일부 상품이 자본에 의해 구매되면 이윤율은 상승한다는 점을 보여 줬다. 그의 논문 "Could Keynesian policies end the slump? An introduction to the Marxist multiplier", *International Socialist Review* 136, 2012, http://gesd.free.fr/carch12.pdf를 참조.

42 2008~2009년 대침체의 원인에 대해서는 2010년 7월 AHE 대회에서 발표된 내 논문 https://thenextrecession.wordpress.com/2014/03/11/is-inequality-the-cause-of-capitalist-crises/를 참조.

토마 피케티:
자본 수익률은
자본주의 핵심 모순을 짚지 못한다

데이비드 하비는 뉴욕시립대학교 대학원에서 인류학과 지리학을 가르치는 교수이고 저명한 마르크스주의자다. 하비는 최근 새 책을* 냈고, 토마 피케티의 책[《21세기 자본》]을 논평하기도 했다. 하비는 피케티의 책에 상당히 비판적이다. 그래도 하비는 피케티가 매우 유용한 자료를 내놨음은 인정한다. 자본주의가 지배적 생산양식과 사회관계로 자리 잡은 1750년 이후 주요 자본주의 경제에서 부와 소득의 불평등이 어떻게 변해 왔는지를 잘 보여 줬다는 것이다. "피케티는 통계자료(우리가 그와 그의 동료들에게 감사히 여기는)를 통해

출처: "David Harvey, Piketty and the central contradiction of capitalism", https://thenextrecession.wordpress.com (19 May 2014).

* 국역: 《자본의 17가지 모순: 이 시대 자본주의의 위기와 대안》, 동녘, 2014.

자본주의 역사 내내 자본이 전례 없이 극심한 수준의 불평등을 일으켜 왔다는 사실을 보여 준다. 그런데 많은 사람에게 이것은 새로운 사실이 아니다. 게다가 마르크스가 《자본론》 1권에서 제시한 이론적 결론도 정확히 그런 사실이다."

그럼에도 하비가 지적하듯, 피케티는 자본주의에서 왜 생산 위기와 투자 위기가 반복되는지에 대해서는 아무 말도 하지 않는다. 하비는 다음과 같이 썼다. "피케티의 책은 2008년 공황이 왜 일어났는지, 그토록 많은 사람이 왜 그토록 오랫동안 장기 실업과 주택 압류가 가하는 이중의 부담에서 헤어나지 못하는지를 말하지 않는다. 그의 책은 최근 미국 경제의 성장이 왜 중국과 달리 부진한지, 유럽은 왜 긴축의 정치와 침체의 경제에서 옴짝달싹 못 하는지를 이해하는 데도 도움이 되지 않는다."

그리고 하비는 피케티가 마르크스를 읽었어야 했다고 말한다(나도 이 점을 지적한 바 있다). 하비는 피케티가 마르크스를 읽었더라면, "《자본론》 2권(역시 피케티가 읽지도 않고 별 거리낌 없이 일축해 버리는 책)에서 마르크스가 임금을 낮추려는 자본의 노력이 어느 순간이 되면, 자본이 만든 생산물을 흡수하는 시장의 능력을 약화시킨다고 지적했다"는 것을 알았을 것이라고 말한다.

이처럼 하비는 자본주의 위기에 대한 설명을 마르크스의 《자본론》 1권이나 3권이 아니라 2권에서 찾을 수 있다고 말한다. 그런데 자본주의에서 위기가 반복되는 이유를 설명하는 책은 사실 《자본론》 2권이 아니다. 주로 《자본론》 3권이다. 마르크스는 《자본론》 3권에서 이윤율 저하 경향의 법칙과 그 상쇄 경향들을 설명한다.

하비가 경제 위기의 원인을 [이윤율 저하가 아니라] '과소소비'로 설명한 것은 처음이 아니다. 그러나 이 설명은 마르크스의 설명과 다르다.

아직 읽지 못했지만 읽어 볼 가치가 충분히 있을 새 책[의 홍보 문구]에서 하비는 다음과 같이 설명한다. "예컨대 재투자할 수 있는 양보다 더 많이 자본을 축적하려는 충동, 가장 값싼 생산수단을 사용해야 한다는 강박 탓에 소비자들이 소비 수단을 갖지 못하게 되는 것 … 등이 자본주의의 핵심 모순이다."

실제로 하비는 경제 위기를 설명할 때 마르크스의 이윤율 저하 법칙이 유용하지 않다고 본다. 그래서 하비는 이윤을 늘리려고 1980년대부터 추진된 신자유주의 정책들이 "어떤 수학 법칙의 영향을 받은 것"(아마도 마르크스의 이윤율 저하 법칙을 가리키는 듯하다)이 아니라고 주장한다. 하비는 마거릿 대처의 경제 보좌관인 앨런 버드가 "무심코" 털어놓은 진심을 인용한다. 1980년대의 인플레이션 억제 정책은 "실업을 늘리는 매우 좋은 방법이었고, 실업 증가는 노동계급의 힘을 약화시키는 매우 바람직한 방법이었다. … 우리가 고안한 것은 마르크스주의 용어로 말하면 자본주의의 위기, 곧 산업예비군을 다시 만들어 내고 자본가들이 전례 없이 높은 이윤을 얻게 하는 위기였다." 내가 보기에 이 말은 오히려 1970년대 말에 제2차세계대전 이후 최저치로 떨어진 이윤율을 회복시키는 것이야말로 신자유주의의 목표였음을 보여 준다. 그러나 하비는 자본을 파괴하고 그 가치를 감소시켜 수익성을 회복시킨 1980년대 초의 심각한 더블딥 경제 침체가 이윤율과 무관하다고 여긴다. 하비는 오히려 "정치가 작동한 결과였다"고 말한다.

하비는 임금 몫이 줄고 그로 말미암아 '과소소비'가 나타날 위험성이 가계 부채가 엄청나게 늘어나 상쇄됐다는 점을 피케티가 보지 못했다고 비판한다. "바로 수요가 사라졌다는 것이다. 피케티는 이 문제를 체계적으로 무시한다. 1990년대에 이 문제는 서브프라임 시장에 담보대출 자금이 많아지는 등 신용이 막대하게 확장되면서 가려져 있었다. 그러나 그 결과로 생긴 자산 거품은 2007~2008년 리먼브러더스 파산과 신용 제도 붕괴처럼 터질 수밖에 없었다." 요컨대, 하비는 경제 위기의 원인을 수요 부족으로 본다. 신용 거품이 수요 부족을 상쇄할 수 있지만 일시적으로만 그럴 수 있다는 것이다.

하비는 다음과 같이 옳게 주장한다. "경제 위기는 한순간에 일어나는 사건이 아니다. 비록 경제 위기를 촉발하는 계기가 있는 것은 분명하지만, 이런 계기로 표현되는 변화는 지질학에서 말하는 대륙 이동처럼 오랜 시간에 걸쳐 진행된다. … 경제 위기의 과정을 돌아보면 위기가 완전히 발현되기 꽤나 전부터 여러 징후가 나타났음을 어렵지 않게 포착할 수 있다." 그러나 하비는 위기의 징후를 이윤율의 변동이 아니라 신용의 변동에서 찾는다. 하비는 다음과 같은 이유 때문이라고 한다. "1980년대에 부채가 한없이 늘고 국제금융에 대한 규제가 점점 사라지기 시작했다. 이는 자본이 국경을 넘어 이동할 수 있고 세계 곳곳으로 분산할 수 있게 해서 [국내에서 일어나는] 노동과의 갈등을 해소하려는 방안이었다. 이런 추세는 2008년 9월 15일 투자은행 리먼브러더스가 몰락하며 대단원의 막을 내렸다."

하비는 피케티가 "자본을 잘못 규정"한 것이 핵심 문제라고 올바르게 지적한다. "자본은 사물을 가리키는 것이 아니라 과정이다. 자본은 더 많은 돈을 벌기 위해 돈을 사용하는 순환 과정으로, 대개 노동력을 착취해서 더 많은 돈을 버는 과정이다. … 신고전학파 경제사상(피케티 사고의 토대) 전체가 동어반복에 기초하고 있다. 자본 수익률이 얼마나 될지는 결정적으로 경제성장률이 얼마나 될지에 달려 있다. 자본의 가치가 그 자본이 생산한 것으로 측정되는 것이지 그 자본을 생산하는 데 들어간 것으로 측정되는 것이 아니기 때문이다."

제임스 갤브레이스와 나를 비롯한 많은 사람이 이를 지적한 바 있다. 피케티는 자본과 '부富'가 같은 것이 아님을 보지 못한다. 이 점이 중요하다. 하비가 말했듯, 자본을 측정할 때 주택과 부동산 같은 부를 제외하면, '자본' 수익률이 항상 경제성장률보다 높다는 피케티의 전망은 허물어진다.

에스테반 마이토가 새 논문에서 바로 이 점을 증명한다. 마이토는 피케티 자신의 자료를 사용해, 피케티의 안정적 자본 수익률 법칙이 아니라 마르크스의 이윤율 저하 경향의 법칙이 현실에 더 잘 들어맞는다는 것을 밝혔다. 마이토는 다음과 같이 설명한다. "피케티의 관점에서 보면 자본은 생산이나 가치 증식 과정과 관계가 없다. 피케티에게 자본은 '부'와 같은 말로, 시장에서 교환될 수 있는 모든 재화와 서비스를 뜻한다. 그러나 마르크스는 자본을 자본주의 생산과 관련지어 설명했다. 따라서 마르크스주의의 타당성을 검증하려면, 설사 경험적 방법이라 할지라도 이런 자본의 기본 개념을 염두에 둬야 한다. 이와 같은 관점에서 보면 '주택'을 자본으로 간

주해서는 안 된다. 생산수단이 아니라 소비재의 일종이기 때문이다. '금융자산'(생산 없이 화폐가 증식하는 M—M')이나 '토지'도 마찬가지다."

게다가 (호황이 절정에 이르렀던 1960년대 중반 이후) 최근 시기 내내, 심지어 피케티가 말한 자본 수익률도 마르크스가 말한 이윤율과 함께 하락하는 추세다. 전체 부에서 토지와 주택이 차지하는 비중이 기계류나 비주택 자산에 견줘 줄었기 때문이다.

자본주의의 핵심 모순을 설명할 수 있는 개념은 피케티의 자본 수익률도, 하비의 '소비 수단 부족'도 아니다. 바로 마르크스의 이윤율 저하 경향의 법칙이다.

《자본론》의 현재적 의미 논쟁

알렉스 캘리니코스, 루치아 프라델라와 함께 준비해 온 '《자본론》 출간 150주년 기념 심포지엄'에 대략 230여 명이 참석했다. 1867년 9월에 처음 출간된 마르크스의 《자본론》이 오늘날에도 유의미한지를 논의하는 것이 이 심포지엄의 목적이었다.

과거를 평가해 미래를 예측하기

심포지엄 첫날은 굴리엘모 카르케디가 마르크스의 경제 위기 이론을 다루고 그것을 현대 자본주의에 적용한 논문을 발표하며 시작

2017년 9월 19~20일 영국 킹스칼리지에서 열린 '《자본론》 출간 150주년 기념 심포지엄'에 데이비드 하비, 알렉스 캘리니코스, 굴리엘모 카르케디, 프레드 모즐리, 벤 파인, 미하엘 하인리히 등이 참가했다. 지은이가 이 심포지엄을 소개하는 "Capital.150 part one", "Capital.150 part two", "Capital.150: part 3", https://thenextrecession.wordpress.com (September 2017)을 편역.

그림 3-3. 미국의 평균이윤율

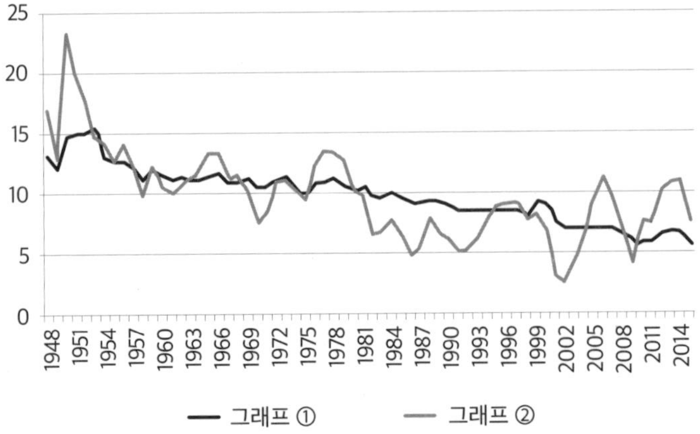

했다.

카르케디는 1945년 이후의 자본주의가 20세기가 끝나 가면서 점점 더 많은 금융 위기와 불황을 겪으며 소진된 상황을 측정할 수 있다고 주장했다. 그는 불황이 왜 벌어졌고, 언제 벌어졌는지 밝힐 수 있는 지표를 제시했다.

카르케디는 자본주의 생산에서 주기적이고 반복적인 불황의 기초적 추동력으로서 마르크스의 이윤율 저하 경향의 법칙을 분석 근거로 삼았다. 그는 미국 경제 데이터를 활용해 미국 법인 부문의 착취율 증가 효과를 제외하면 1945년부터 지금까지 (자본의 유기적 구성 증가에 반비례해) 이윤율의 장기적 하락 경향이 분명히 나타난다는 점을 보여 줬다(그림 3-3 그래프 ①). 착취율 불변 조건을 완화하더라도 미국 경제에서 평균이윤율은 등락을 거듭하면서도 추세적으로는 하락한다(그림 3-3 그래프 ②).

카르케디는 또한 마르크스의 이윤율 저하 경향에 대한 3가지 주요한 상쇄 경향을 지적했다. 잉여가치율 상승, 생산수단의 비용 하락, 고정자본의 가치를 낮추는 기술이다. 신자유주의 시기에 이윤율을 높이기 위해 생산적 부문에서 금융 부문으로 투자가 이동한 것은 마르크스의 법칙을 역전시키는 데 성공하지 못했다. 전후 미국에서 이윤율 저하 경향은 상쇄 경향들보다 우세했다.

많은 학자가 이와 비슷한 결과를 밝혔기 때문에 카르케디의 논문에서 이런 결과는 그리 새롭지는 않다. 그런데 그의 논문에서 새로운 것은 이윤율을 낮추는 몇 가지 추가적인 경향적 힘과 언제 위기가 실제로 발생하는지 보여 주는 주요한 지표를 밝혔다는 점이다.

카르케디가 2차적인 경향적 요소들이라고 지칭한 것은 전체 투자에 대비한 고용의 점진적 하락, 새로 생긴 가치가 전체 가치에서 차지하는 비중의 점진적 하락이다. 카르케디에 따르면, 이 요소들은 현재 국면에서 자본주의의 점진적 소진을 나타낸다.

더 나아가 카르케디는 위기가 언제 발생하는지 보여 주는 3가지 지표를 제시했는데, 이윤율, 고용, 신규 생성 가치가 동시에 하락할 때다. 미국에서 이런 일이 벌어졌을 때(12번 있었다), 그것은 생산이 경제 위기나 불황에 빠졌을 때와 일치했다(그림 3-4 참조). 카르케디가 제시한 지표는 매우 유용하다. 예컨대, 2017년 미국에서는 고용과 신규 생성 가치가 증가하고 있다. 따라서 카르케디가 제시한 지표로 볼 때 불황이 임박한 것 같지는 않다.

카르케디의 논문에서 또 다른 혁신적 내용은 금융 위기가 생산적 부문의 이윤율 위기의 산물이지 금융화 이론가들이 주장하는 것처

그림 3-4. 미국에서 경제 위기가 닥쳤을 때 이윤율, 신규 생성 가치, 고용의 변화율

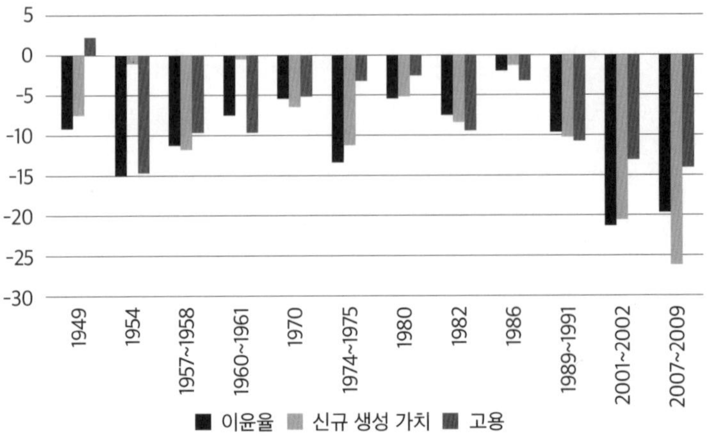

그림 3-5. 금융 위기가 발생했을 때 금융 부문과 실물 부문의 이윤 변화율

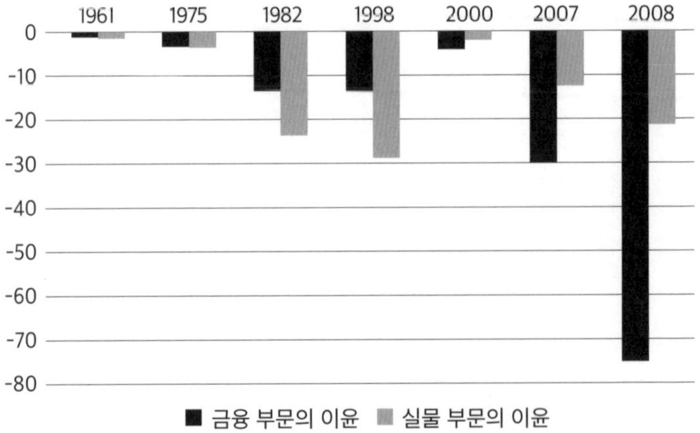

럼 그 반대가 아니라는 것을 보여 줬다는 점이다. 그는 금융 위기가 금융 이윤이 하락할 때 발생하지만, 더 중요하게는 생산적 부문의 이윤이 하락할 때 발생한다는 점을 보여 줬다(그림 3-5 참조).

카르케디가 밝혔듯이, "제2차세계대전 이후 30년 동안 미국 자본주의의 발전에서 금융 위기는 전혀 없었다." 1970년대에 생산적 부문에서 이윤율이 하락했을 때 비로소 자본이 금융의 비생산적 부문으로 이동했고, 이런 이동이 신자유주의 시기에 더 많은 금융 위기를 초래했다. "따라서 위기가 나타나기 전의 시기에 생산적 부문에서의 이윤율 악화는 금융 위기와 비금융 위기 모두의 공통적 원인이다. … 그러므로 금융화 테제와는 달리 생산적 부문이 금융 부문을 결정한다."

카르케디는 계속해서 경제 위기가 발생한 것이 케인스주의자들의 주장과 달리 임금 인상이 부족해서도 아니고 정부 지출을 확대하지 않아서도 아니라는 점을 보여 줬다. 전후 12번의 경제 위기 중에서 11번은 임금 인상과 정부 지출의 증대가 있었음에도 발생했기 때문이다!

그래서 카르케디는 마르크스의 이윤율 법칙이 자본주의 경제 위기를 가장 훌륭하게 설명하며, 특히 생산적 부문에서 이윤율의 장기적 하락은 자본주의가 그 생산 잠재력을 소진했음을 보여 준다고 결론 내렸다. 이것을 바꾸기 위해서는 제2차세계대전에서처럼 자본 가치가 대규모로 파괴돼야 할 것이다.

나는 여기서 카르케디의 논문을 좀 깊이 다뤘는데, 그의 논문이 현대 자본주의의 경제 위기를 이해하는 데 마르크스가 공헌한 바를 뒷받침하는 많은 증거를 우리에게 제시해 주기 때문이다. 또한 토론자로 나온 아시아·아프리카대학의 벤 파인 교수가 이 논문을 거의 언급하지 않았기 때문이기도 하다. 벤 파인은 마르크스의 이윤율 저하 경향의 법칙에 동의한다고 말했지만 그는 현대의 '자본 구조'가 '금융화'를 통해 많이 변했다고 생각하기 때문에 카르케디의 논문이 지니는 유의미성을 무시했다. 벤 파인은 자신의 생각을 설명할 시간을 갖지 못했지만, 자본주의 금융 구조의 변화 때문에 마르크스의 이윤율 법칙이 경제 위기와 무관해졌다고 생각하는 듯했다.

이 세션의 또 다른 참가자는 폴 매틱 2세였는데, 그도 다른 이유로 카르케디의 논문에 한마디도 하지 않았다. 폴 매틱이 보기에는 다음과 같다. 마르크스를 따라 이윤율을 추계하는 것 자체가 불가능하고 불필요하다. 마르크스의 범주는 가치로 이뤄져 있고 또 현대의 부르주아적 국민계정으로는 마르크스의 법칙을 검증하기 위한 가치 측정을 할 수 없기 때문에 이윤율 추계는 불가능하다. 자본주의 생산에서 금융 위기와 불황이 주기적으로 나타난다는 바로 그 사실이 마르크스가 옳다는 것을 보여 주기 때문에 이윤율 추계는 불필요하다. 《자본론》에서 마르크스는 경제 위기의 구체적 실재를 설명할 수 있게 해 주는 추상들을 제시했다. 우리는 여전히 이런 경제 위기들을 묘사할 수는 있지만, 왜곡된 부르주아적 데이터로 사이비 자연과학처럼 마르크스의 법칙을 '검증'할 수는 없고 그럴 필요도 없다.

내 생각은 다음과 같다. 법칙의 타당성을 '보여 주려면' 전반적 사태나 추세를 이용하는 것이 도움이 될 수 있다. 그렇지만 이것으로 충분하지 않다. 마르크스의 이윤율 법칙을 입증하기 위해서는 과학적으로 더 나아갈 필요가 있다. 이것은 이윤율을 측정하고 이윤율을 기업의 투자와 경제성장 그리고 불황과 인과적으로 연결하는 것을 의미한다. 그러면 우리는 미래의 경제 위기에 대한 예상도 할 수 있다. 그래야만 마르크스의 법칙을 뒷받침하는 일련의 경험적 증거를 이용해 다른 이론들을 일축할 수 있다. 물론 이윤율을 추계하는 것은 힘든 일이지만 그렇다고 불가능한 일은 아니다. 더욱이 이 일은 필요한 일이기도 하다.

마르크스는 자신의 이론을 경험적으로 검증하는 것이 시간 낭비라고 생각하지 않았다. 그리고 오늘날 우리는 마르크스보다 많은 이점을 누리고 있다. 우리는 마르크스의 어깨 위에 서서 지난 150년 동안의 경제 위기와 데이터를 활용해 마르크스의 법칙이 현실과 어긋나는지를 검증할 수 있다. 카르케디의 논문은 이런 과제에 설명력을 더해 준다.

《자본론》과 오늘날의 계급투쟁

심포지엄 첫날 저녁 세션의 주제는 '21세기 계급투쟁을 그려 보기'였다. 계급투쟁이 발생하는 지점들이 어디에 집중돼 있는지를 설명할 때 마르크스의 《자본론》이 여전히 유효한가?

데이비드 하비 교수가 첫 발표자였다. 하비는 세계에서 가장 저명한 마르크스주의 학자라 해도 틀리지 않을 것이다. 많은 상을 받은 저명한 지리학자이기도 한 하비는 많은 책과 발표문을 통해 마르크스의 《자본론》과 그 현대적 의미에 관한 전문가로 널리 인정받는다. 그의 웹사이트에는 마르크스의 《자본론》 각 장에 대한 강의들이 올라와 있고, 유튜브에서도 그의 강연을 많이 볼 수 있다.

하비는 자본이란 "운동하는 가치"라는 말로 발표를 시작했다. 즉 자본은 화폐로 시작해 잉여가치의 생산으로 흘러간다. 그런 다음에는 마찬가지로 중요하게 시장 판매를 통해 가치가 실현된다(유통). 이렇게 실현된 가치는 자본 부문들(산업자본·지주·금융자본), 노동자 임금, 정부의 세금으로 분배된다.

하비는 이런 자본의 순환을, 지구에서 물이 지리적으로 순환하는 것(대기에서 땅과 바다로 흐른 다음 다시 대기로 환류하는 것)에 비유했다. 그렇지만 자본의 순환은 이와 같은 단순 순환이 아니라 나선형이다. 왜냐하면 자본은 더 많은 가치로 축적·유통·분배되지 못하면, '악惡무한'(헤겔주의 용어를 사용하면)으로 뒤바뀌며 그 가치가 점차 줄어들기 때문이다.

하비는 《자본론》이 각각 다음 내용으로 나뉘어 있다고 주장한다. 1권이 자본순환 중 생산 영역(가치와 잉여가치 생산)만 다루고, 2권은 가치 실현과 (상이한 부문들 사이의) 자본의 유통을 통한 재생산 과정을, 3권은 잉여가치 분배에 관한 내용이라는 것이다. 그리고 하비는 마르크스가 [1권에서] 생산 영역에 관한 대단한 분석을 제공하지만, 2~3권은 자신이 완성하지 못하고 엥겔스가 남은 원고를 묶은 것이라는 점을 들어, 《자본론》으로는 현대 자본주의 발전을 설명하지 못한다고 본다.

하비는 자본주의에서 생산 영역은 "운동하는 가치의 단지 일부분"이라고 생각한다. 그는 오늘날 경제가 위기에 빠지고 계급투쟁이 벌어지는 좀 더 결정적인 지점은 작업장이나 생산 지점에서 노동자와 자본가 사이에 발생하는 전통적 전투 바깥에서 발견된다고 주장한다. 생산 영역의 전통적 전투는 여전히 계속되지만, 유통과 분배 영역에서 벌어지는 계급투쟁이 훨씬 더 많다는 것이다. 하비가 말하려는 유통 영역에서의 투쟁은, 약값을 올려 폭리를 얻는 탐욕스러운 제약 회사에 맞서거나 사람들이 무엇을 사고 싶고 필요하다고 느끼는 "욕망·필요·욕구"를 조작하는 행위에 맞서는 소비자 행동인 듯하다. 분배 영역에서는, 감당할 수 없는 지대 때문에 벌어지는 지주·건물주와의 투쟁, 그리스처럼 갚을 수 없는 채무 때문에 벌어지는 투쟁, 학생들의 학자금 부담에 맞선 투쟁 등을 예로 들었다. 이것들은《자본론》1권의 영역 밖에서 벌어지는 '반자본주의' 투쟁의 새롭고도 중요한 영역이라는 것이다. 이 투쟁들은 작업장이 아니라 지역사회나 거리에서 벌어진다. 다시금 하비를 인용하면, 거대한 투쟁은 "생산과정에서 떨어진" 다른 곳에서 벌어진다.

여기에는 2가지 쟁점이 있다. 첫째, 하비의 결론을 뒷받침하는 이론적·경험적 근거에 대한 문제다. 둘째, 오늘날 계급투쟁이 (주로)《자본론》1권의 범주 밖에서 발견되는가 하는 문제다.

하비는 자신의 계급투쟁 테제의 이론적 근거를 다음과 같이 제시했다. 자본주의 위기가 잉여가치 생산뿐 아니라 유통이나 가치 실현과정이 붕괴하는 데서도 야기되고, 심지어 후자가 더 우세할 수도 있다는 것이다(하비는 이것이 마르크스가《자본론》2권에서 한 말이라 주장한다). 또한 오늘날 경제 위기는 (《자본론》3권에 나오는) 금융 부문에서 금융화로 인한 부채 때문에 벌어지기 십상이라는 것이다.

그렇지만 앞서 카르케디가 보였듯이 금융 위기 이면에는 잉여가치 생산의 위기가 존재하는데, 이것은 마르크스의 축적의 일반 법칙(《자본론》 1권)과 이윤율 저하 경향의 법칙(이 법칙이 《자본론》 3권에 나온다는 점을 보면, 3권은 오직 '분배'만을 다룬다는 하비의 주장이 틀렸음을 알 수 있다)에서 표현되고 있다.

내가 보기에 《자본론》 1~3권은 서로 연결돼 자본주의 경제 위기에 대한 하나의 이론을 우리에게 제공한다. 자본주의는 이윤과 잉여가치 축적을 향한 추동을 기초로 하는 체제인데, 자본은 마르크스가 말한 이윤율 저하 경향의 법칙 때문에 주기적으로 고장 난다. 폴 매틱 1세가 1970년대에 이를 다음과 같이 썼다. "현실의 경제 위기는 처음에 유통 과정에서 나타나지만, 유통이나 [잉여가치] 실현의 문제로 볼 수 없고, 재생산 과정 전체(생산과 유통을 모두 포함)가 일탈하면서 벌어지는 것으로 봐야만 한다. 또, 재생산 과정은 자본의 축적에 의존하고 따라서 축적을 가능케 하는 잉여가치의 양에 의존하므로 위기의 가능성이 실제 위기로 이어지는 경로에서 결정적 요인은(비록 유일한 요인은 아닐지라도) 생산 영역에서 발견된다. … 따라서 생산과 유통을 따로 떼어 놓고서 자본의 위기를 설명할 수 없다. 오히려 축적 과정에 내재하고 가치법칙의 지배를 받는 이윤율 저하 경향이 야기하는 문제다."

이렇게 보면, 하비의 설명에서 생겨나는 약점은 2가지다. 첫째, 하비는 마르크스의 이윤율 저하 경향의 법칙을 전혀 언급하지 않는다. 이번 발표나 최근 발행한 그의 책에서도* 전혀 언급하지 않는다.

---

* 국역: 《자본주의와 경제적 이성의 광기》, 창비, 2019.

하비는 나를 포함해 여러 사람들과 논쟁하면서 자신이 왜 그러는지를 이미 밝혔는데, 그 법칙이 오늘날 자본주의와 무관할 뿐 아니라 심지어 잘못됐다고 생각하기 때문이다. 또한 그는 미하엘 하인리히(역시 이번 심포지엄 참석자)의 견해를 좇아 마르크스 자신이 이 법칙을 버렸다고 생각한다. 그렇지만 이 법칙은 《자본론》 3권에 명확히 서술돼 있고, 주기적으로 재발하는 자본의 위기에 대한 일관된 이론을 제공한다. 이 이론은 검증될 수 있고 많은 학자가 그렇게 해왔다.

하비의 설명에서 둘째 약점은 경제 위기가 주기적으로 재발하는데도 이런 규칙성을 설명하지 못한다는 점이다. 더욱이 이런 규칙성은 현대 금융이 존재하지 않았던 150년 전(《자본론》 출간 시기)에도, 심지어 그 이전에도 발견할 수 있다.

하비는 1970년대 이후 신자유주의 시기에 그랬듯이 [자본가가 노동자를 쥐어짜서] 임금이 극도로 하락하기 때문에 경제 위기가 발생한다고도 주장한다. 잉여가치 생산이 아니라 잉여가치 실현이 문제라는 것이다. 그렇지만 전후 자본주의의 첫 불황(1974~1975년)이 저임금 때문에 벌어졌던가? 오히려 당시의 많은 경제 분석가들은(마르크스주의자들을 포함해) 임금이 이윤을 '압박'해 불황이 왔다고 주장했다. 그리고 마르크스주의자들은 대부분 그것이 이윤율 위기였고 뒤이어 나타난 1980~1982년 불황도 마찬가지라는 데 동의한다. 게다가 내가 다른 연구에서 보였듯이 '사회적 임금'(복지 등)을 고려해 볼 때 적어도 2000년대 초까지는 임금이 그만큼 하락하지는 않았다.

카르케디가 이번에 발표한 논문도 불황이 가치 실현 문제에서 비롯한 것이 아님을 보여 준다. 전후의 불황들을 보면, 불황이 시작되기 전에 임금과 정부 지출은 번번이 증가하는 중이었고, 2008~2009년의 대침체도 마찬가지다. 신용 경색과 유럽 부채 위기는 이윤율 하락, 이윤 증대를 위한 금융자산으로의 전환, 그로 인한 금융 위기의 결과였다. 다시 말해, 분배가 아니라 생산 영역의 이윤율 위기가 낳은 결과였다.

하비는 1950년대에는 임금이 높고 노조가 강(해서 유효수요를 창출)했기 때문에 자본주의가 잘 작동했다고 생각한다. 그렇지만 전혀 다른 방식으로 다음과 같이 설명할 수도 있다. 즉, 전쟁 직후 이윤율이 높아서 자본주의가 황금기를 맞이했고, 그 덕분에 자본은 생산과 축적을 유지하려 양보할 수 있었다. 주요 경제들에서 1960년대 중반부터 이윤율이 하락하자 (작업장에서) 계급 전투가 치열하게 벌어졌고, 노동 측의 패배로 신자유주의 시대에 접어들었다.

이 세션에서 나도 발표했는데, 내 발표의 주된 내용은 자본주의와 그 모순(반복되는 위기를 낳는)에 대한 마르크스의 설명에서 여전히 잉여가치의 생산과 자본축적이 핵심이라는 점이었다. 마르크스가 지적했듯이, "자본가계급의 이윤은 분배되기 전에 먼저 존재해야 한다." 마르크스에게 잉여가치의 생산은 "운동하는 가치의 단지 일부분"이 아니라 가장 큰 부분이다. 이 말은 개념적으로뿐 아니라 양적으로도 진실인데, 모든 자본주의 경제에서 총생산량의 80퍼센트가 소비재가 아니라 생산수단과 중간재로 구성되기 때문이다.

엥겔스가 지적했듯이 마르크스의 위대한 발견은, 자본주의 축적과 노동의 궁핍화를 추동하는 특별한 동력이 바로 잉여가치라는 점을 파악한 것이다. 마르크스가 보기에 잉여가치의 생산이 유통과 분배보다 우선이고 논리적으로 가장 중요하다. 마르크스는 자본주의 분석에서 생산과 유통이 대등한 설명력을 갖는다고 보지 않았다. 그는 생산이 유통보다 근본적이라 확신했다. 마르크스가 말했듯이, 자본주의 생산양식의 특징은 바로 잉여가치 생산이지, 잉여가치가 표층에서 어떻게 유통되고 분배되는지가 아니다.

《자본론》 1권에서 마르크스는 자본축적의 양상을 다음과 같이 설명했다. 생산수단과 기술에 대한 투자가 확대되는 반면 노동자들은 주기적으로 산업예비군으로 전락하고 그래서 노동력 가치는 최저 수준으로 유지된다. 이것은 자본의 유기적 구성을 높인다. 그런데 바로 이처럼 자본의 유기적 구성이 높아지는 것이 이윤율 하락 경향을 낳는다. 노동력만이 가치를 창출하기 때문이다.

실제로 역사를 보면 자본주의에서 이윤율은 하락해 왔다. 이번 심포지엄에서 나는 영국은행이 제공한 통계를 이용해 마르크스가 《자본론》을 출판한 이래 150년 동안 영국 자본의 전반적 이윤율이 하락했다는 사실을 보였다(그림 3-6 참조). 물론 이윤율이 일직선으로 하락하지는 않았는데, 그것은 전반적 경향에 맞서는 상쇄 요인들이 작동했기 때문이다.

이 시기들은 계급투쟁의 강도를 그려 보는 데서 결정적 지표들을 제시한다. 나는 영국의 이윤율 데이터와 활용 가능한 파업 데이터를 이용해, 노동운동이 강력하고 자신감이 있던 시기에 이윤율이 하락하면 언제나 계급투쟁(파업 건수로 측정한)이 절정에 이르렀다는 점을 발견했다. 영국의 경우 제1차세계대전 전과 후 모두 해당됐

그림 3-6. 영국의 이윤율

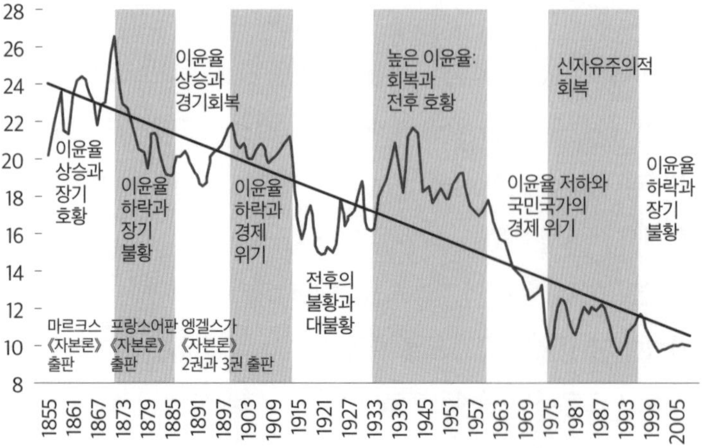

그림 3-7. 영국의 1946~2014년 파업 (노동 손실 일수)

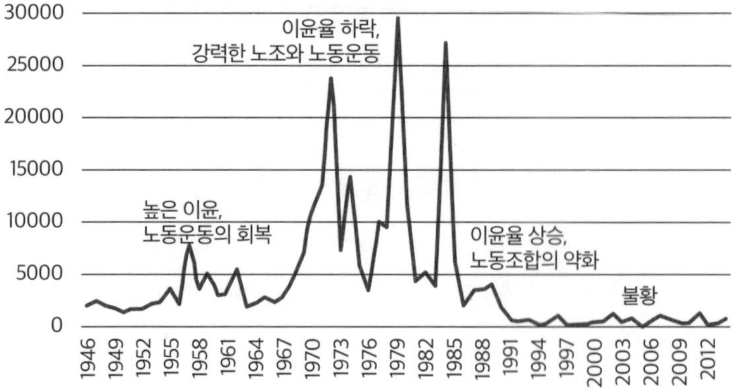

고 1970년대도 마찬가지였다(그림 3-7 참조).

그렇지만 신자유주의 시기처럼 노동운동이 패배해 약해진 가운데 (부분적으로는 그 결과로) 이윤율이 상승했을 때나, 1930년대 대불황이나 지금처럼 노동운동이 약한 가운데 이윤율이 하락하거나 낮은 상태일 때는 작업장에서의 계급투쟁도 저조했다. 이윤율이 바닥을 치고 상승하는 '회복기'와 노조 내부 개혁이 맞물린 때(1890년대와 1950년대)에 파업은 낮은 수준에서 점차 상승했다.

이렇듯 작업장에서 계급투쟁이 가장 높은 수준으로 벌어졌을 때는 자본가들의 수익성이 떨어지기 시작하면서 동시에 이전의 회복기 동안 노동운동이 강력한 상태로 있을 때였다. 이것이 혁명적 변화가 일어나기 가장 좋은 객관적 조건이다.

이런 분석에 따르면 작업장에서의 계급투쟁이 자본주의에서 핵심적으로 중요해진다. 왜냐하면 마르크스가 《자본론》 1권의 출판을 통해 말하려 했듯이, 가치가 잉여가치와 노동자들의 몫으로 분배되는 것을 놓고 벌어지는 투쟁이기 때문이다. 물론 이 말이 자본주의가 불평등과 갈등 그리고 데이비드 하비가 초점을 맞추는 작업장 바깥의 투쟁들(지대·부채·세금·도시환경·오염 등에 대한)을 낳는다는 점을 부정하는 것은 아니다. 또한 이런 투쟁들이 선거를 넘어선 수단으로 정치적 영향력을 발휘한다는 점을 부정하는 것도 아니다.

그러나 노동 대중이 생산수단을 통제해서 자본주의적 생산양식을 끝장내지 않으면 자본주의의 이런 부당한 일들 가운데 아무것도 사라지지 않는다. 또, 소비자나 채무자로서의 노동자가 아니라 노동하는 인간으로서의 노동계급이 오늘날에도 자본주의를 사회주의로 변화시킬 주체다. 어떤 방식으로 정의하더라도 오늘날 노동계급은 개별 사회에서나 전 세계적으로나(가장 협소하게 제조업 노동자들로만 정의하더라도) 마르크스가 《자본론》을 출판했을 때보다는 물론이고 과거 어느 때보다 더 거대한 사회 세력이다.

데이비드 하비가 오늘날 계급투쟁의 주요한 동력으로 내세우는 '탈취에 의한 축적' 또는 '양도 이윤'(즉 사기·속임수·폭리·환투기 등)은 자본주의 이전의 많은 계급사회에서도 존재했고 자본주의에서도 언제나 존재한다. 그렇지만 마르크스가 《자본론》에서 분명히 밝혔듯이, 자본주의에서 계급투쟁의 핵심은 가치 생산을 두고 벌이는 투쟁이고 그것은 자본주의만의 독특한 점이다. 가치를 둘러싸고 벌어지는 일이 핵심이며, 그런 점에서 어떤 자본주의 경제가 건강한지는 자본 이윤율의 수준과 그 [증감] 방향으로 판단해 볼 수 있다.

자본주의는 충분한 잉여가치를 추출하는 능력에서 모순을 갖고 있고 그 때문에 경제 위기가 반복된다. 이런 경제 위기는 대안적 경제 이론들이 주장하는 것과 달리 임금 인상, 정부 지출 확대, 금융에 대한 국가 규제로 해결할 수 없다.

마르크스주의자는 무엇을 해야 하는가?

《자본론》 출간 150주년 심포지엄의 셋째 순서는 오늘날 《자본론》 1권의 유의미성에 관한 것이었다.

제국주의 세션에서는 마르크스주의자들 사이의 오래된 몇 가지 논쟁이 재연됐다. 브라질 플루미넨시연방대학교의 마르셀루 디아스 카르카놀루는 제국주의 국가와의 교역에서 '부등가교환'이 일어나고 주변부 국가의 노동에 대한 '초과 착취'가 발생해 [제국주의 경제에 대한] '종속'이 더 심화되고 있다고 주장했다. 이 때문에 주변부 국가의 자본가 세력이 노동계급을 계급 협조에 끌어들이기가 더 힘들어졌다는 것이다. (식민지 경제의 제국주의 경제에 대한) '종속성'과 (북반구의 남반구에 대한) '초과 착취'가 이윤의 주된 원천인가 하는 문제는 여전히 논쟁점이다. 그리고 현대 제국주의 착취의 성격과 계급투쟁에 미치는 그것의 함의에 관한 논쟁도 계속되고 있다. 리스본 노바대학교의 라켈 바렐라는 《자본론》 1권에서 잘 설명된 마르크스의 시초 축적 이론이 현대 자본주의를 다루는 새로운 시각을 제공한다고 주장했다. 그는 인도와 같은 신흥국 경제의 가장 빈곤한 지역에서는 마르크스가 말한 시초 축적이 여전히 존재하지만, 그 밖의 대부분의 지역에서는 시초 축적이 아니라 자본의 노동 착취가 일반화됐다고 지적했다.

《더 시티: 런던과 세계적 금융 권력》이라는 베스트셀러의 저자인 토니 노필드는 '《자본론》, 금융, 제국주의'라는 제목으로 발표했다. 그는 마르크스의 가치법칙이 현대의 제국주의와 금융자본의 세계로 "진화"했으며, 이제는 "금융시장이 자본주의 세계경제가 용인할 수 있는 것을 더 직접적으로 보여 주기" 때문에 비금융 부문의 자본 이윤율이 아니라 "주식시장, 채권 수익률 그리고 외환시장이 주요한 시장 지렛대"라고 주장하는 것처럼 보였다. 기술 대기업들이 실제로는 금융 기업이고 자신의 자금력을 활용해 자신이 생산에서 만들어 내는 것보다 더 많은 잉여가치를 전유하기 때문이라는 것이다. 그렇지만 이런 상황은 생산적 투자에 쓰일 수 있는 이윤이 그만큼 줄어든다는 것을 뜻하기도 한다(그림 3-8 참조).

토니 노필드의 주장은 자본주의가 더는 《자본론》 1권의 자본주의가 아닌 지점에 이르렀다는 것을 암시한다. 나로서는 이런 견해가

그림 3-8. 전 세계 금융'자산'의 축적 (단위: 조 달러)

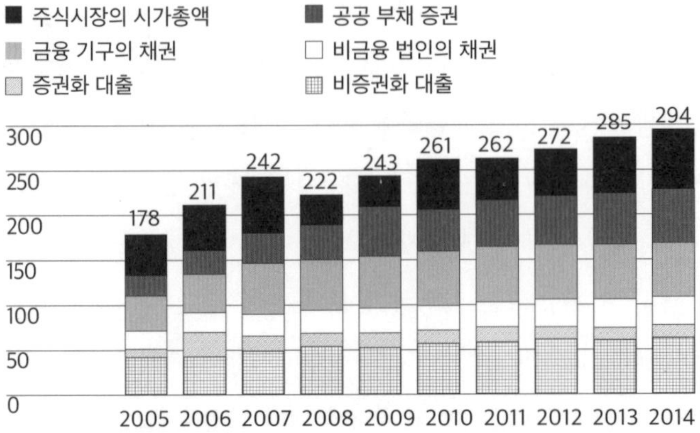

금융자산 가치의 상승 때문에 기초자산의 이윤율이 '괜찮은 수익'을 내기가 더 힘들게 됐다. 2005~2014년에 금융자산은 65퍼센트 성장했다. 자본주의 체제에서 초과이윤은 수익에 대한 더 많은 청구권들로 분할된다. 그래서 수익률은 더 낮아진다!

출처: McKinsey Global Institute, BIS & Deutsche Bank, 2014

자본주의의 운동 법칙을 이해하는 데서 마르크스 가치론의 유의미성을 부정하는 것처럼 보인다. 주식과 채권 시장 가격은 가공자본의 변동을 반영한다. 그렇지만 그 자본은 가공적이기 때문에 생산적 부문이 충분한 이윤이 없어 붕괴하면 이 가공자본도 붕괴할 수밖에 없다. 이 점이 마르크스가 주장한 바의 핵심이다.

따라서 주가는 자본주의의 건전성을 측정하는 최고의 수단이기는커녕 궁극적으로 가치가 전혀 없거나 거의 없는 자산에 대한 투기적 거품을 반영한다. 예를 들어 현재의 주식시장은 연일 최고가를 경신하지만 경제성장률은 여전히 낮고 생산적 자본에 대한 투자도 형편없다. 마르크스의 가치법칙이 주가에 밀려나는 것이 아니라 가공자본이 궁극적으로 가치에 밀려날 것이다. 토니 노필드는 마르크스주의자들이 가공자본의 거대한 성장과 그것이 이윤율에 미치는 영향을 고려해야 한다는 얘기를 하고 싶었던 것 같다. 그렇다면 나 자신을 포함해 일부 저자들은 그 점을 고려해 금융자산을 기업 순자산의 일부(부채 문제)로 여겨 생산적 자산에 포함시키거나 가공자본 이윤을 총이윤에서 빼고 있다는 점을 언급하겠다.

이 심포지엄의 마지막 세션은 21세기 자본주의에서 자본의 미래와 노동의 미래를 다뤘다. 《자본론 행간 읽기》의* 저자인 알렉스 캘리니코스는 《자본론》 3권이 출판되자마자 마르크스주의자들 내에서 이윤율 저하 경향의 법칙이 유의미한지를 두고 현재와 같은 논쟁이 벌어졌다는 점을 우리에게 상기시켰다. 예를 들어 베네데토 크로체와 (이 법칙을 옹호한) 안토니오 그람시 사이에서도 논쟁이 있었다는 것이다.

해나 홀먼은 마르크스가 《자본론》에서 언급만 했던 자본축적의 새로운 거대한 모순을 지적했다. 그 모순이란 탐욕스런 이윤 추구로 인한 지구 파괴와 환경오염이 이제 지구온난화와 기후변화로 절정에 이른 문제로, 홀먼은 이것을 되돌리지 못할 수도 있다고 주장했다.

브라질 미나스제라이스연방대학교의 에두아르두 모타 알부케르크는 마르크스가 《자본론》 1권에서 19세기 자본주의의 기술 발전이 새로운 발전을 이끌었음을 지적하며 이것에 면밀한 관심을 기울였다는 사실을 지적했다. 영국의 기계는 인도 산업을 파괴했고, 제국

---

* 국역: 《알렉스 캘리니코스의 자본론 행간 읽기》, 책갈피, 2020.

그림 3-9. 1964~2010년 미국의 총고용과 임금에서 비생산적 노동의 비중

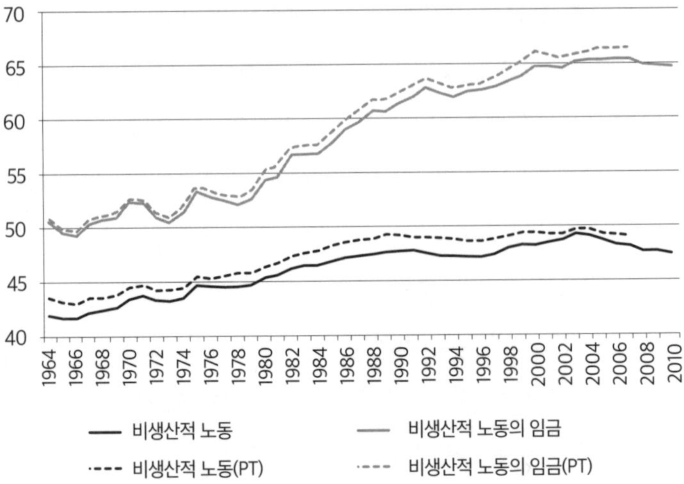

주의 중심부의 산업은 주변부의 농업에 큰 영향을 미쳤다. 철도 운송의 확대는 자본과 제국주의의 촉수를 전 지구로 확장했다. "요약하면, 각각의 기술혁신은 국제적 분업을 재구성할 수 있다"는 것이다. 그렇다면 21세기에 "새로운 출발점"은 무엇일까?

오랫동안 마르크스주의 경제학자였고 최근 출간된 《화폐와 총체성》의 저자인 프레드 모즐리는 이윤율 추이가 미국 자본주의의 미래와 밀접한 연관이 있다는 점을 다뤘다. 모즐리는 이윤율 증가의 주요 요소 하나가 생산적 노동과 비생산적 노동 사이의 관계이며, 비생산적 노동은 노동의 일부이기는 하지만 가치나 잉여가치를 창출하는 것이 아니라 그 일부를 전유할 뿐이라고 주장했다. 이 부문은 금융, 정부, 기타 비생산적 산업이며 생산적 부문의 감독·관리 노동자들도 비생산적 부문이라 할 수 있다(그림 3-9 참조).

비생산적 부문이 잉여가치를 점점 더 많이 전유함으로써 생산적 투자에 대한 이윤이 줄어들고 있는데, 이것은 미국 경제의 회복에 종말을 고하는 조짐처럼 보인다. 비생산적 부문에서 자본이 파괴돼야 생산적 투자에 더 많은 가치가 흘러갈 것이다.

심포지엄 마지막 날 오후 세션은 현대 자본주의의 노동에 무슨 일이 벌어질지 그리고 마르크스는 공산주의에서 사회와 노동이 어떻게 바뀔 것이라고 봤는지를 다뤘다. 티티 바타차리야는 '사회적 재생산 이론: 자본을 사회관계로 생각하기'라는 주제로 오늘날 노동의 성격을 다뤘다. 그가 주장한 가정에서의 여성 착취와 노동계급 가정에 대한 자본주의적 압력이라는 쟁점은 사회적 재생산 이론에 대한 격렬한 논쟁을 불러일으켰다. 사회적 재생산 이론이 《자본론》 1권에서 마르크스가 밝힌 노동력 이론을 더 발전시켰는지가 쟁점이었다.

루치아 프라델라는 제국주의와 이주가 노동의 힘과 노동자 투쟁에 미치는 영향을 다루는 글을 발표했다. 제국주의는 전 세계 노동자에게 새로운 재앙을 낳았고 빈국에서 부국으로의 거대한 이주 물결이 생겨났다. 그렇지만 아일랜드인들이 일하기 위해 영국의 도시로 이주한 19세기(에 위험한 편견과 분열이 발생하기도 했지만 그때)와 마찬가지로 오늘날에도 이런 이주는 전 세계적 단결을 위한 기회를 제공한다. 마르크스는 당대에 영국과 아일랜드 이주 노동자들의 단결을 위해 분투했었다. 베벌리 실버는 마르크스의 자본축적 일반법칙과 산업예비군의 전 세계적 형성과 재형성을 다루는 글을 발표했다.

마지막으로 미하엘 하인리히는 마르크스의 《자본론》과 그의 다른 저작에서 발견되는 공산주의의 성격을 분석하는 글을 발표했다. 그는 공산주의 사회의 기초적 토대("각자 능력에 따라 일하고, 필요에 따라 돌려받는다")를 설득력 있게 설명했다. 그렇다면 21세기에 이런 토대를 구축할 수 있을까? 하인리히는 마르크스가 말년일 때 그를 방문한 어떤 사람과의 대화를 우리에게 들려줬다. 그 사람은 마르크스에게 무엇을 해야 하는지 물었다. 마르크스는 잠시 생각하더니 한마디로 답했다. "투쟁이죠!"

찾아보기